梦山书系

说课
实战训练教程

谢安平　林高明　邓园生　编著

［小学语文卷］

海峡出版发行集团 | 福建教育出版社

图书在版编目（CIP）数据

说课实战训练教程. 小学语文卷/谢安平，林高明，邓园生编著．－福州：福建教育出版社，2010.6
（2021.1重印）
 ISBN 978-7-5334-5412-8

Ⅰ.①说… Ⅱ.①谢… ②林… ③邓… Ⅲ.①课堂教学－教学研究－中小学 Ⅳ.①G632.421

中国版本图书馆 CIP 数据核字（2010）第 104665 号

Shuoke Shizhan Xunlian Jiaocheng（Xiaoxue Yuwen Juan）

说课实战训练教程（小学语文卷）

谢安平　林高明　邓园生　编著

出版发行	福建教育出版社
	（福州市梦山路 27 号　邮编：350025　网址：www.fep.com.cn
	编辑部电话：0591-83779615　83726908
	发行部电话：0591-83721876　87115073　010-62027445）
出 版 人	江金辉
印　　刷	福州万达印刷有限公司
	（福州市闽侯县荆溪镇徐家村 166－1 号厂房第三层　邮编：350101）
开　　本	710 毫米×1000 毫米　1/16
印　　张	13.5
字　　数	200 千字
版　　次	2013 年 8 月第 2 版　2021 年 1 月第 6 次印刷
书　　号	ISBN 978-7-5334-5412-8
定　　价	28.00 元

如发现本书印装质量问题，请向本社出版科（电话：0591-83726019）调换。

目 录

用说课锤炼教学（序）/余文森 ··· 1

第一章　小学语文说课的特点 ··· 1

一、小学语文说课的意义、作用 \ 2
二、小学语文说课的特点 \ 4
三、小学语文说课的原则 \ 10

第二章　小学语文说课的内容 ··· 13

一、小学语文说课的常见类型 \ 13
二、小学语文说课的主要内容 \ 14
三、小学语文说课的基本模式 \ 15
四、小学语文说课的基本要求 \ 29

第三章　小学语文说课前的准备 ··· 32

一、明确说课的目标 \ 32
二、认真准备说课稿 \ 33

三、做好说课前的演练 \ 44

第四章　小学语文说课怎样说教材 ………………………………… 45

一、"说教材"的主要内容 \ 45
二、怎样解读教材 \ 54
三、怎样分析学情 \ 62
四、怎样制订教学目标 \ 65
五、怎样确定教学重难点 \ 67

第五章　小学语文说课怎样说教法 ………………………………… 73

一、"说教法"的要点 \ 73
二、小学语文"说教法"的内容要点 \ 77
三、教法选择的原则 \ 79
四、怎样选择教法 \ 82
五、"说教法"示例 \ 86

第六章　小学语文说课怎样说学法 ………………………………… 92

一、"说学法"的要点 \ 93
二、学法选择的原则 \ 96
三、学法确定的方法 \ 97
四、"说学法"示例 \ 105

第七章　小学语文说课怎样说教学程序 …………………………… 109

一、"说程序"的要点 \ 109

二、"说程序"的原则 \ 125

三、"说程序"的方法 \ 127

四、不同课型教学程序设计示例 \ 128

第八章 说课过程中的注意事项 ……………………… 143

第九章 小学语文常用教法及选用示例 ……………………… 148

一、问题教学法 \ 148

二、自主探究教学法 \ 149

三、表演教学法 \ 151

四、启发式教学法 \ 152

五、情境教学法 \ 155

六、讲解教学法 \ 157

七、读写结合教学法 \ 159

八、体验感悟教学法 \ 160

九、直观教学法 \ 164

十、活动教学法 \ 165

十一、合作教学法 \ 168

十二、游戏教学法 \ 171

十三、生活教学法 \ 174

十四、朗读教学法 \ 176

第十章 小学语文主要学法及选用示例 ……………………… 178

一、质疑问难法 \ 178

二、自由想象法 \ 179

三、图画展现法 \ 181

四、仿写拓展法 \ 182

五、查阅资料法 \ 185

六、情感朗读法 \ 186

七、动手实践法 \ 188

八、情感体验法 \ 190

九、圈点批注法 \ 192

十、模拟角色法 \ 194

十一、读写结合法 \ 196

十二、图表说明法 \ 200

十三、小组合作讨论法 \ 202

十四、生活延伸法 \ 204

用说课锤炼教学（序）

余文森

说课是教师对备课成果的一种条理化、清晰化、理论化过程，其目的是促使教师将自己所学的教育教学知识及实践智慧运用于解释、指导、提升自己的课堂教学。说课作为教师教学研究的一种方式，其意义在于：

第一，有效地促进教育理论与实践的密切链接。理论与实践是"同根莲，并蒂花"。说课为教育理论与实践的互渗互溶提供了一条通道。它在比较大程度上激活了教师教育教学的"理性意识"、"目的意识"和"自觉意识"。教师必须对自己的教育教学设计与行为作出恰如其分的解释。一切教育教学的决策必须是经过深思熟虑的，有根有据的，而不是随随便便，随心所欲。因为，每一个有效的说课，必然有明确的指向，即要说明白：教什么？怎么教？为什么这样教？这些基本内容便内含着实践与理论的有机整合，有机融合。

第二，促进教师各方面素养的提升，获得专业成长。说课，能说得纯熟圆融、应用自如、智如泉涌，看起来是一两个小时或者就是临场的五到十分钟，然而它一朝成功的背后是千锤百炼的修磨。就是人们常说的"台上一分钟，台下十年功"。

说课是说课者几乎不带任何凭借面对听课者阐述备课的收获、上课的思路、预测课堂教学的效果及生成的情况，并充分体现教者的教学思想与理念。在这种情况下，教材是否烂熟于胸，教路是否有条不紊，教法是否恰到好处，学法指导是否画龙点睛等等涉及教师的教育理论素养、学科素养、实践智慧。如分析教材、解读文本的能力，处理教材的能力，构思与设计课堂教学过程的能力，选择与运用各种教学法的能力，研究学生的能力……另外，在说课过程中还涉及教师临场应对机智、整体素养的展现、语言表达能力、板书设计能力、思维的整体面貌、时间的调控与处理能力……

说课训练，就是教师内外兼修，道器共炼的过程。其中，既有教育思想的提升，又有教学技术的锻炼；既有教师内在素养的综合修炼，又有课堂教学实践智慧的实战演绎；既有教师自身充实完善，又有对学生的研究与洞察……如果能持之以恒，通过不断的说课与调整，反思自身的每一次说课的得失成败，然后扬长避短，就会有力地推动教师自身的专业成长。

本书立足于对说课的内在机理及操作程序的梳理，尤其是对说课的每个环节进行条分缕析，找准训练点，说练结合，对于各种层次的教师学习说课方法、锤炼说课技艺都有着相当有效的指导作用。

第一章　小学语文说课的特点

说课，是教师在备课的基础上，在规定的时间内，从教育理论的高度向同行、领导系统精要地阐述自己对学科课程的理解、执教文本的解读、教学目标的确定、教学方法的选择、教学过程的设计及其理论依据，然后由听者评说，达到相互交流、共同提高的目的的一种教研活动。它是在集体备课、集体研讨的活动过程中逐步形成的一种教学研究形式。它起源于20世纪80年代的河南省新乡市，是一项原创于中国的教育科研活动。它在引导教师通过教学研究的实践提高专业素养，改变教师只"教"不"研"的现状，促进教师提高专业素养，增进教学交流，展示教学风格，提高课堂教学质量中，发挥了积极作用。

说课与备课都属于对教学进行预设的范畴，但是相对而言，通常意义的备课更侧重于经验性，而说课则是侧重将教学预案理性化，它促进传统的经验型备课转变为理性型备课，对于优化课堂教学，提高教学效率、提升教师素质具有较大作用。

说课是一种交流。说课教师运用系统论的观点和方法，在一定场合通过说明某一课题主要教什么？怎么教？为什么这样教？将自己的思考集中而简明地用相关的教育理论反映出来，与听者进行有效的专业交流，实现对某一教学内容或教学方法的深入探究，取得适合教师教学实际的共识，得到教学的共鸣。

说课是一种展示。教师通过说课的方式将自己的教育理念、教学技能与教学风格通过备课、上课设计与说理，展示在同行面前，以求较为理性、系统地反映自身的教学智慧，获得自我教学意识的成长，使得教师的教学实践上升到一定的理性层面，形成教学的风格。

说课是一种能力。如何使得自己的教学符合教育的规律，符合学生学习的规律，符合教育教学的相关理论，符合师生成长的实际，需要教师花费一番苦功探索，总结经验，形成能力。而将这些探索结合教育教学理论进行充分内化再实现与同行的良好的交流，需要教师进行相关的实践。

说课是一门艺术。它是一个教师知识、能力、态度等等综合素质的集中体现。在短短的10～20分钟内，说课教师既要把课程的内涵、文本的精华深刻地挖掘出来，精要地阐明教师与学生、教材与课程、教法与学法、教材与生活之间的理论联系与实践过程，又要给听者以语言精练、板书优美、思维敏捷、仪态得体、富于教育意义等等感受，实属不易。

说课是一种境界。它既"大道至简"，又意境无限，是教师表达美的形象与精妙的课堂教学情景的组合，是说课者展示教学魅力与教学智慧的舞台。教师对教学理论、教学的过程、技法了然于胸，并化为自身教学的教育理念、教学思想，用最佳的状态、巧妙的结构、简约的语言、浅白的道理、饱满的内涵表达于教学研究的过程中。

一、小学语文说课的意义、作用

说课，开辟了小学语文教学研究的新形式。它有利于教师从经验型成长转变为理论与实践相结合的专业型成长，有利于教学管理者管理水平的提高和语文教育质量的良性发展。

语文学习，是通过教师组织学生与文本深入"对话"，使得学生习得语文知识、形成语言能力、积淀文化素养的精神过程。说课，可以促使我们探究如何让这个过程更富于教育的原生态，更好地扶助儿童自我语言的发展、儿童学习能力的成长。

传统的语文教学研究，相对侧重于教师自我个体的教学研究和思考，经验性较强，但一般比较肤浅、过于感性，缺少教学思维的理论层面的碰撞。

说课，将个体式的语文教学研究引向群体型的合作研究，它要求教师从新理念、新理论上解读教材、处理教材、设计教学，这使得语文教学的理论性与科学性得到增强，语文教师的教学对话、教学构思在预案阶段因此从隐性思维走向显性思维，从静态思维走向动态思维，不同文化角色的"对话"在小学语文教学中成为了可能。

说课，作为一种简便易行、实效性强、使得教师的教学思考更具有理论意义的教研活动，它可以集"说、上、评、写、辩"于一身，也可单独进行其中任何一项活动，并达到活动所预期的效果。它具有四大优点：

第一，简便易行。它的活动方式相当灵活，基本可以不受时间、地点、人数、教学设备的限制和制约，依活动的目的和需要，几乎可以随时随地进行。

第二，省时高效。一次说课，通常只需 10~20 分钟即可完成，但活动所表达出来的内涵却十分丰富，包含了对教学内容的理解与处理、教学结构的设计与思考、学生学习的预设与操作及其相关教学理论的应用、尝试、辨析等等。

第三，运用广泛。因为说课形式简便易行、省时高效，能够解决有关问题，所以运用的范围较为广泛，领导检查、教师交流、集体研究、评价教师、竞赛选拔等等，均可采用。

第四，理论性强。说课的理论味浓，能较好体现教师理论素养的水平和教学思想所达到的层面，使得教师的教学思考更具有理论意义。

说课，因其是一种简便易行、实效性强、交流性高的教研活动，能够较好地体现教师对教学、教研的态度和水平，所以在日常的教育教学管理中就常常被赋予以下的功用：

第一，教学研究。将"说课"作为学校教研活动的一种形式，有助于教师的教学交流，促进专业成长，优化学校教研过程。说课，这种把个人研究与集体研讨融为一体的活动，既能表现个人的风格，又能集中众人的智慧。说课活动中，有"说"也有"评"，两者结合较为紧密。说者在说前深入研究，评者在说后给予评价、指正，既拉近教师研讨的距离，又通过互相点评，更深入地把研讨问题挖掘出来，充分交流，改进教学、提高教学效率，让课堂更丰富多彩。同时使得参与各方都得到一次由经验到理论的升华。

第二，常规检查。"说课"是一种有明确目的、为教学所需的外在的力量，它可以促使教师发生内在的提高自身素质、专注教学态度、提高课堂教学质量的专业变化。所以，教学管理者可以通过观察教师的说课，检查其备课及参加教研活动的情况，找出其教学中的问题，指出工作中的不足，促进其修改教学预案，提高备课质量。

第三，进行评价。采用组织说课的方式，对教师一个阶段以来的专业成长情况进行评价。通过说课的方式，暴露教师的理论学习与专业实践过程，对教师的教育教学理论功底、文化知识、专业知识、专业技能、专业思考等情况的考查与把握，综合教师的业务能力、理论水平情况，对教师的业务水平、专业态度进行相对真实和准确的评价。

第四，专项培训。说课，具有良好的示范性特点。在针对某一语文教学内容进行培训的过程中运用说课示范，有助于教师有针对性地认真学习教育理论，有效应用教育教学理论解决教学实践中的问题，同时促使教师逐步养成理论指导实践的习惯，促进教师理性解读教材，准确把握学情，优化目标设定，精要教学设计，使自身专业素质不断提高。

二、小学语文说课的特点

说课，就是说"理"，说你上这课的"课理"。说清楚你打算怎样上这课，为什么这样上，这样上的理论依据是什么。让听者不仅知其然，还知其所以然。这是说课区别于备课、上课的主要方面。一次好的语文说课通常具有以下特点：

（一）结合课程，说清"课理"

小学语文课程的基本特点是"人文性与工具性的统一"。这是小学语文教学自始至终必须牢固把握的一项核心要求。

从"人文性与工具性的统一"这一基本要点，我们可以挖掘出小学语文课程要注意体现的六大教学特点：

第一，凸现语文学科的人文性。教育的首要目标是教会学生做人，使儿童成为具有科学知识、历史文化和具有自尊、自信、自律、自强等现代文明意识的、理性的未来社会人。小学语文学科首先是人文学科。小学语文课程通过具有人类悠久文明、文化的童话、诗歌、散文、小说等教材，在熏陶儿童内心情感、丰富儿童精神世界、培养儿童审美能力、塑造儿童人格魅力的过程中学习语文知识、形成语文能力。语文教学是为儿童形成美好情感、积淀人文素养服务的。在实施语文教学的过程中，《语文课程标准》明确规定"应该重视语文的熏陶感染作用，注意教学内容的价值取向，同时也应尊重学生在学习过程中的独特体验"，这也为我们明示：小学语文课堂教学的人文性并不是仅仅停留于对文章人文内涵的挖掘上，还应体现在教师的教学行为活动之中，体现在课堂中师生的对话过程里。应该让学生从读"女娲补天"、"精卫填海"感悟到"知其不可为而为之"的不屈意志；从"唐僧冲破千难万险上西天取经"感悟到精神能量的无限可能性；从"普罗米修斯为人间偷盗火种"感悟到生命不死、价值延续的情怀；从"鲁滨逊在荒岛上的漂流"感悟到人对自然的无穷伟力；从"嫦娥奔月"感悟出人的无限想象力等等。

第二，重视语文学科的综合性。人文世界有多大，小学语义所涉及的范畴就有多大。生活即语文，学习即语文。小学语文涉及面之广几乎无所不涵盖。小学生语文学习的知识、能力虽然浅显简单，但是点多面广。有语音、有文字、有句子、有词汇、有文学、有哲理、有审美、有阅读、有朗诵、有思维、有习作、有交际、有写字等。就教师的施教而言，有教育学、有方法论、有心理学、有成长学、有生理学、有文章学、有艺术学理论等等，小学语文教学与这些理论无不相关。这些学科之间的交集所体现出来的大综合性，既是学生学习的障碍，也是学生学习的出发点，当我们引导学生感受语文的广大和语文学习的魅力时，这尤其有益。因此，语文说课要注意处理语文学科学习的综合性特点，通过适当的学科拓展和关联，开阔学生的视野，放飞学生的想象，发展学生的学习兴趣。

第三，把握语文学科的模糊性。语文学科的综合性特点，决定了语文学习的成效不可能以线性的方式呈现出来，而是以相对模糊的、螺旋上升的方式呈现的。小学生学习汉字，在掌握其基本笔画、名称、笔顺规则、间架结构之后，需要反复多次呈现学习，方能基本掌握，就是这种模糊性的一种表现。拼音、词汇、习作、朗读、感悟、背诵、说话等等，均表现出相同的特点。浅显明白、深入浅出、反复呈现、螺旋上升，这是语文学习的一大特点。在教学中整体把握、循序渐进才能较好落实学习。

第四，强调语文学习过程的实践性。语文是一门知识，也是一种能力。能力只能在实践中形成，能力一旦形成，固定为人的技能，便不容易退化或消失。儿童的聪明才智大多是在自主的语文实践活动中发展起来的。小学语文教学是以语文实践和语感培养为基础、习作学习为主的学习活动。默读、朗读、背诵、说话、书写、作文是小学生语文能力训练的基本点。倾听、观察、思考、感悟、联想、想象、习惯培养，亦是如此。只有在学习的实践过程中才能形成初步的创新意识、善于自主学习的能力、独立思考善提问题的习惯、归纳解决问题的能力，形成操作能力。

第五，重视语文学习的语感培养。语文学科的一个显著特点是"文以'载'情"。文章有情，育人有情，情能生趣，情意促思，决定了在小学语文教学中，必须创设文化情境，以文激情、以情激情、以境陶情，才可能以文教人、以情感人，以健康、优美、高尚的人文情境育人。在语文学习中，对学生进行语感培养，既是学生读书能力、思维能力培养的主要途径，也是对学生进行情感熏陶的重要手段，它较好地实现了语文学科的工具性与人文性的有机结合。在语文教学中指导学生读书感悟，其日积月累地学习、感悟、积淀可以有效地提升自我感悟能力。所以在语文教学中要认真指导学生自我初读、精心细读、领会深读，在不断的感悟之中"披文入情"，从而使学生的学习从"了解内容→理解情节→体味内涵"层层升华，领会语言、情感的表达方式。

第六，遵循汉语、汉字的特点和规律。汉语是母语教育。除了学习汉字之外，还必须传教附着于汉字中的华夏民族的人文理想和民族灵性。

从汉字本身来说，它是一种表意文字。它的字形本身就是富有意义的，所以在教学中要注意利用相关方法发现规律，发掘有利因素组织教学，培养学生学习的积极性。其次，汉字中蕴含的意义信息量很大，可以给人以较大的联想，丰富学生的思维训练。再次，汉语的学习必须引导学生涵咏、诵读来实现语言文字的积累。在教学中组织、指导、引导学生主动诵读，是加强语言积累的重要手段，也是学生习得文理、习作的重要途径。读书要复读和涵咏，背诵要复背，写字要历练，作文要多写和反复修改，学生语文素养才能得到提升，这是汉语学习的规律。

作为教学预案展现的小学语文说课，必须注意语文学科的这些特点，并尽可能侧重以其中的某一要点展开自己教学的思考。

说课，要把握住语文课程的这些特点，结合应用教育学、心理学、教学法等理论去阐明课程与教材、教法与学法、程序与练习设计等方面的关系，理清"课理"，讲清各个环节的安排，清楚说明"怎么想"、"怎么做"、"为什么这么做"及其理论应用的"必然性"。

(二) 严密逻辑，条理清晰

语文教学的工具性主要是阅读能力及良好阅读习惯的培养，主要在对学生进行"听、说、读、写"基本功的练习及思维能力的训练过程中进行。在教学的过程中如何处理这些学习内容？怎样准确解读文本？怎样遵循儿童的身心实际，依据《语文课程标准》展开教学？准备说案时，要从切合学生学的实际出发，合理制订学生的"听、说、读、写"及相关情智、态度、方法等教学目标，恰当处理教材和学习内容，依据适当的教学原则设计教学程序。使得教学的各个环节中，当读则读，读得合理；当思则思，思有所得；当写则写，写出心声；当练则练，练有成效。各个环节，条理清楚，道理明白，逻辑严密，使得"课理"体现出较为严谨的科学性、逻辑性。

（三）着眼受益，看重"听众"

说课，主要是进行教育教学思想、教学经验的交流，从听者处获得自己教学思考正误的指导。通常情况下，说课活动中的听者多是具有一定水平的教师、专家、领导，他们大多具有较高的业务能力和专业研究水平，向他们说课，就是希望得到与之交流、对话的机会，获得指教。所以说课者要重视这些因素，认真准备说案，努力将先进经验、教学方法、教育理论与自己的教学设计有机内化，将教材的处理、教法的选择、板书的设计、练习的安排、教学的语言、教学的结构等等说出一定的理论高度，说出自己的思想。

（四）准确预设，清晰表达

说课，不仅要讲清自己"怎样教"，还要说清学生"怎样学"，尤其重要的是说清教师怎样指导学生"学会"所教内容。围绕着学生学会这条主线，说课设定明确的教学目标，准确地进行"预设"，使得教学目标、教学方法、教学进程等都尽量符合学生的知识技能、智力水平、心理特点、非智力因素水平，估计准学生学习现状，预设好相应的措施和解决的办法。同时将这些内容明晰地表达出来。

就教学目标的预设而言，字、词、句、段、篇等语文基本功的学习目标准确。知识积累的范围、理解感悟的程度、情感体验的效度、课外拓展的广度、媒体运用的频度、方法应用的适度等等，体现出较好的理论层面上的整体优化。使得自己的教学体现出以科学的理论为指导，用科学的方法解决教学的矛盾和问题的特点。

（五）有机统一，凸显人文

语文学科是工具性与人文性的高度统一的学科，让学生在感受美的过程中积淀人文素养,是语文教学的重要目标。语文教学的人文性首先体现在文本的思想内涵之中,这些文本无不体现了人的价值、情感和态度指向;其次,语文教学的人文性还表现在教学过程中教师对学生的尊重、关注等细节之中;再者,语文教学的人文性还与学生学习过程中的对文本情感的体验、教学情境的感受、审美价值的熏陶、学习心理的愉悦密不可分。所以语文教学的人文性始终伴随着对学生进行"字、词、句、段、篇"的学习、表达、运用等语言能力培养的全过程之中。在教学的预案中必须站在"人"的高度上,准确挖掘语文文本的人文因素,深刻体会文本所传达的深层次的人文意义,设计与学生水平相适应的教学过程,使学生获得正确的人文熏陶。语文说课,要重视对这项内容的诠释和谋划。

(六) 以学为生,关注动态

学生是学习的主体,是课堂的主人,是教育教学的目标,一切教学活动必须以学生的发展为主线展开。一次好的说课,一定是表现出鲜明的学生学习发展为主线的说课。

教学要表现出学生学习为主线的特点。首先要关注学生的既有学习实际,准确把握所教学生的知识技能、智力水平、学习态度、思想状况、心理特点、非智力因素等方面的差异,使得教学的进程从学生的原有学习起点展开,有利于学生运用已有知识尝试学习新的知识。其次,要关注学生学习的方法,根据学生的不同情况采取相应的措施和解决的办法,引导学生用最有效的学习方法掌握所学知识内容。再次,要拓展学生学习维度,引导学生采用多种感官、多种思维触摸知识,感受语文学习中的深刻涵咏,体会文章背后的内涵。最后,要关注学生的学习体验,让学生不断地在阶段性的成功体验中总结学习,激起学习的欲望,获得学习的乐趣。说课者将这些问题准确阐述,并预估多项学生的学习可能和教师处理的相应措施,是说课成功的重要一环。

三、小学语文说课的原则

小学语文说课应遵循以下原则:

第一,科学性原则。科学性既是教学应遵循的基本原则,也是说课应遵循的基本原则。知识传授的准确性是保证说课质量的前提,教学方式的最佳选择是保证说课质量的重要条件。

语文教学是一项整合了"字、词、句、段、篇"与"听、说、读、写、思"的学习及"过程、方法、情感、态度、价值观"养成的系统活动,对教学内容的准确解读和合理处理必须做到准确无误。说课中,教师既要在细节上准确界定各知识点的内涵、外延和交集,更要结合《语文课程标准》的要求和学生实际,把握好教学内容在本学科、本年段的地位、作用以及本课内容的知识结构体系,处理好它们之间的关系。对课程教材的精准解读,对学情的准确分析,对教学目标的准确定位,是教法选择和教学设计的基本依据,也是说课成功的基本保证。

第二,整体性原则。语文教学强调整体性原则。教学既要从语文教学的整体知识性内容、能力性内容、情感性内容等方面多维度考虑,更要从学生的学习方式方面考虑。要从符合学生的学情着手,引导学生学会学习,掌握所学内容,并产生探究兴趣。说课不同于上课,比上课有着更广泛的解说空间,所以说课时应更重视对教学安排进行整体性的概述,将课程的特点与要求,教材的解读与处理,学情的分析与设想,目标的制订与实施,课外资源的利用与整合,教法的选择与假设,学法的安排,媒体的运用,板书的设计,练习的布置等等,在整体构想的构架内,按一定的逻辑顺序进行解说。

第三,说"理"性原则。语文说课,是教师通过对课程的理解,应用已有的教学经验及相关教育学、心理学、美学等理论向听者阐述自己对某节语文课的教学设想及其设想的依据,它重在说"理"。因此在说课活动中,对教材的分析应以学科基础理论为指导,对学情的分析要以教育学、心理学理论为指导，对教法的设计应以教学论和学科教学法为指导，对教学环节的设计应以美学为指导，如此，既要说清自己的教学构想，更重要的是说清教学构想在理论与实践两方面的依据，用教育理论指导自己的教学，将教学的设计上升到理论的高度，使自己的教学实践、教学经验在说课的过程中获得教育教学理论的支持。使说课做到言之有理、言之有据，避免"只谈做法不谈依据"的现象。

第四，可行性原则。说课的目的，在于通过暴露教师的教学思路以求得提高课堂教学效果的可行之道，提高课堂教学效率。因此，可行性是说课的核心价值性原则。如果说课所述方案不可行，则此说课就没有多大价值可言。

客观、准确、符合教学实际的学情分析是可行性原则最重要的考量指标。以阅读类课文的说课而言，在三维目标的设定中，知识能力目标的设定是否符合该年级学生的知识实际，所选择的教学方式是否符合学生的思维水平，是许多教师在设定教学目标时所忽略的地方，或者低年级的课出现高年级的要求，或者高年级的课出现低年级的要求，在此基础上设计的教学环节便往往体现为无效度可言。还有的教学设计、教学方法与教师或学校本身的教学条件不相符合，无法执行如是教学，凡此种种，均违背可行性教学原则。

第五，精要性原则。说课，是对课文的教学设想进行道理层面的理论阐述，需要说出比教学实际更广阔的理论空间和预设空间，但是绝不是由着你信口开河地说。说课要把设计和所应用的理论说充分，但这种充分是建立在"语言简练、层次分明、重点突出"的基础上的。说课时，听的对象是同行或领导，说课的时间通常只有20分钟左右。而一节课的教学设计内容很多，说课时应突出重点，抓住关键，语言简练，层次分明。说课要从课程特点和学生学习本课的原有基础及现有困难两个方面，分层次、客观准确地实施教学进行充分的阐述。

第六，母语教育原则。小学语文是母语教育。它既有语言学习的共性规律，又有汉民族母语学习的个性规律。在小学语文学习中，如何结合教学进程，让学生感受中华文化的悠久、精深和厚重的历史穿透感，是教学中不能忽视的重要内容。说课时，应注意在教材的解读或目标的制订等环节中体现。

第七，创新性原则。说课是深层次的教学研究，是教学思想的交流。教师既应把教学的经验展现出来和同行共享，更应在既有经验的基础上发现问题、形成问题、解决问题。这种针对实际问题，提出新的设想和解决办法，形成新的教学思考和经验的做法是最有价值的，它对教学的指导意义极为重大。同时说课者也可以在此次说课活动中获得同行的认同与赏识，提升专业成功的信心。所以说课者在说课中应注意将自己的教学经验总结提高，发现新的问题，提出新的见解，形成自己的风格。

第二章　小学语文说课的内容

一、小学语文说课的常见类型

说课，按不同的分类方式，可以有多种不同的类型。如果按组织者的需要进行区分的话，通常有三种类型：

（一）研究型说课

研究型说课主要应用于日常教学研究活动中，一般以教研组或学段备课组为单位，针对某个研究专题进行。它通常以集体备课的形式进行，先由一位教师事先准备好说课稿，进行集体研究、商议后再进行说课，说课结束之后再行反思、评议、交流，最终将个人的智慧通过集体智慧的提炼转变成组内每位教师个人的智慧。这种说课形式可以由教研组内各位教师轮流进行、互动进行，既可按计划进行，也可以临时单独进行，还可以结合上课、评课活动进行，即"说—上—评"系列活动，是大面积提高教师业务素质和研究能力的有效途径。这种说课活动在学校教研活动中具有专题性、经常性、参与性、实践性的特点。

（二）示范型说课

示范型说课主要用于指导教师、培训骨干等研训活动中。通常组织者先选择一些素质好的优秀教师进行公开准备，再由这些教师向听课教师进行示范性说课，然后由说课教师进行教学观摩，最后全体参与者对该教师说课及课堂教学的情况进行交流与评析，现场业务指导最后进行导向性发言，使得受训教师明确"示范点"及今后的努力方向。听课教师从"听说课"、"看上课"、"听评析"中增长见识，开阔眼界。示范型说课以"示范"为目标，所以在说课教师的选择上具有很强的针对性和典型性，是最能锻炼人的一种说课方式，是培养教学能手的重要方法之一。

（三）评比型说课

评比型说课，运用较为广泛。活动目的根据组织者的需要，可以运用于检查、考试、比赛、考核、选拔、展示、晋级、招聘等等。是一种考查说课者真实业务理论能力的说课。它要求说课者按指定的教材，在规定的时间、规定的地点独立撰写出说课稿，然后进行说课，最后由听课评委评定成绩或名次。评比型说课具有极强的竞争性，它对于参与者来说，说课的创新性或独创性成为了决定成败的关键。评比型说课也常常将说课之后的上课结合进行，用以进一步验证说课者的"说"在教学实践中的效度，进一步将理论与实践经验紧密结合起来。

二、小学语文说课的主要内容

小学语文说课的主要内容包含了教材解读、教法介绍、学法安排、教学程序设计等内容。

教材解读：包含了对课文各项相关内容的介绍和教师本人对教材的理解、安排以及对课程标准的把握和学情的分析。在这个部分中要遵照《语文课程标准》的学段要求，参考教学参考书，正确说出课文的主要内容、文章特色以及课文中某一内容的知识、技能和训练关系，阐明其在教材中的地位、作用和编排的依据，同时对学生的学习实际进行一番准确的分析，再以此确定本课的教学目标、教学重点、教学难点及其确定依据。

教法介绍：是从课文特点出发，根据学生的学习实际，确定在本课的教学中主要采用何种教法统领全课的教学，采用何种教法解决教学重点，用何种方法突破教学难点等等，采用这些教法的合理性、最佳理由是什么，都需要进行具体详细的阐述。

学法安排：是针对课文特点和《语文课程标准》中学段的要求，对学生进行具体学习方法的指导与安排，学法的安排具有延续性和针对性，既从教材实际和学生原有水平出发，又针对教材和学生的特点进行安排。

教学程序：是根据教师对课程、教材的理解、学情的把握和教学目标的达成要求所做的整体安排，它从课的开始直至延伸到课结束之后。教学程序的设计要删繁就简，突出重点，把时间花在关键地方；要集中力量突破难点，把智慧花在引导学生积淀和顿悟之处。对于教学程序的解说要提纲挈领地进行，既讲清课的程序结构，体现初读、细读、精读、品读、板书、练习等完整环节，又讲清各个环节之间的必要练习，体现较好的逻辑性。

三、 小学语文说课的基本模式

说课的模式，指的是在说课者以怎样的结构方式具体地"说"某一课的教学预案。针对各人对教材的不同解读和各自的教学实际，说课者设计出的小学语文说课模式多种多样。根据不同的分类方法，专家们对说课的模式也分出许多不同的模式种类。目前以结构方式的不同来界定小学语文说课的模式为多，小学语文说课活动中老师们通常采用的说课模式，主要有以下几种：

（一）"三说式"说课模式

这种说课模式，把整个说课内容分作"说教材"、"说教学程序"和"说板书设计"三个构成部分。"三说式"说课模式的特点在于："说教材"的时候，结合课程标准的有关要求和学生学习情况及教学目标一同进行解说；"说教学程序设计"的时候，结合教法、学法、练习设计一同解说；它将板书单独脱离出来进行解说，有利于说课者在说板书这个环节时，对自己的说课过程进行一番总结性、纠偏性的陈述。

这种说课模式的长处在于容易抓住说课的重点内容，较好地突出说课的重点，解决了说课者常常因为说教法、学法而出现啰嗦、重复、浪费时间等情况。便于说课者快速进入"教学程序"的解说这一说课的主要环节。同时在"说教学程序"中由于有了按进程分别进行教法、学法的渗透说课，使得说课的内容多了一些变化，可以更好地体现说课中理论联系实际、针对教学实效的特点。其缺点是难度很大，常常容易使说课者在"说教学程序"的设计时将教学内容、教法、学法的进程安排及其安排的道理说乱，出现颠三倒四、反反复复说一件事并且说不清楚的现象。其次，在说教法、学法安排时容易让听课者产生教法、学法在这个环节中的安排是否"最佳"的即时印象，不容易说好，具有较大风险。没有较大把握的情况下，一般在竞争性说课中较少采用。

《卢沟桥的狮子》说课稿

徐观明

一、说教材

《卢沟桥的狮子》是一篇看图学文课。这种类型的课文，显著的特点就是图文互补。它能让学生借助图画和文字的描述，在头脑中形成鲜明的印象，以达到理解课文内容、受到美的陶冶的目的。《卢沟桥的狮子》这一课对卢沟桥上的石狮子进行了多方位的描写，使之情态各异，栩栩如生，为一个个静止的石狮子注入了生命，展现了狮子的"威"，构成一幅生动活泼的画面。《卢沟桥的狮子》就是这样一篇对学生进行思想教育、语言文字训练的好教材。

本节课的训练重点：理解体会课文中对石狮子形状的描写和通过朗读悟情。

本节课训练的难点：仿照第 2 自然段的写法自己写一段话。

一节课的教学目标，应从知识、能力、德育三方面考虑，以体现学科中的素质教育。本节课的教学目标：

1. 了解卢沟桥的建筑特点；了解"七七事变"；理解并体会课文中对石狮子形状的描写；学习第 2 自然段的写作方法，仿写一段话；有感情地朗读课文；背诵第 2 自然段。

2. 培养学生的观察能力、想象能力，发展学生的思维。

3. 让学生知道我国古代劳动人民的聪明才干和伟大的创造力，激发学生对我国古代劳动人民的热爱。

二、说教学程序

根据课文的结构特点，我采用的是激趣导入，直奔中心，读议结合的教学方法。指导学生学会读这类课文，模仿第 2 自然段的结构及用"有的……有的……"的排比句式进行说话和习作。把学生放在主体地位，或让学生尝试精读课文，或相互交流，从而体现语文课堂的十六字诀：书声朗朗，议论纷纷，高潮迭起，读读写写。

我的教学结构是"录像导入"——"尝试精读"——"边议边读边悟"——"仿写"这样几个环节。

针对学生的年龄特点，良好的导入是激发学生学习热情、求知欲和探究心理的有效方法。因此，我采用了录像导入。录像有声有色，具有直观性，能吸引儿童的注意力，激发兴趣，为学习新知识架设了桥梁。观看录像片后，我问学生：你有什么感受？在学生充分说出感受后，出示课题。

接着进入教学的第二个阶段——尝试精读。提问：对卢沟桥的狮子，你想知道些什么？学生可能会说，我想知道狮子的大小，有的会说想知道狮子的形状、多少、情态如何，甚至狮子从哪里来的，是什么时候造的等等问题。根据学生自己提出的想知道的这些问题，我巧妙地把学生引入新课文中，让学生自由阅读课文，把刚才同学们提出的问题，在课文当中去找一找，看有没有答案，找到的就用自己喜欢的符号勾出来，没有找到的也不要紧。然后慢慢启发他们，开拓他们的思路。

学生是学习的主体，教学活动中，只有把学生放在主体位置上，充分发挥他们的能动性、创造性和自主性，教学才能收到最大的效益。在学生自学后，学生找到了自己想知道的答案后，教学就进入第三个环节——即边读边议边悟。

首先让学生相互讨论自己知道了什么。然后让学生说出自己找到的答案在什么地方，并读给大家听听。在老师的指导下，采取各种形式阅读第2自然段描写小狮子的内容。语文教学的关键是让学生读，并在读中悟。以读为本，以读代讲。

在师生的共同讨论下得到共识：“大的”要读重音，"小的"读轻一点，"长吼"声音要拖长一点，"听桥下的流水声"读得轻柔，"小狮子偎依在母狮子的怀抱"应读得温柔一些，写狮子嬉戏的句子读得欢快一些。这样，就能读出狮子的大小不一，千姿百态，从读中体会古代劳动人民的聪明才干和伟大的创造力。

背诵本课第2自然段是教学目标之一。在阅读基础上，指导学生背诵第2自然段就是轻而易举的事了。可以根据板书的条理背诵，也可以采用自己喜欢的方式背诵。

接着，再自学末段。仍然采用自读自悟的方法。在学习最后一段时，要求学生在课前收集有关"七七事变"、"抗日战争"的有关资料。借此督促学生多读课外书，多在课外涉猎知识，学生不知道的东西，教师再作适当补充。

"学贵有所思，学贵有所悟。"面对卢沟桥的狮子，你想说什么？对学生进行发散思维、口头表达能力的训练，实际上也是对全篇文章进行总结。

教学环节的第四部分——仿写。观看课件上一幅有形、有声、有色的校园美景图，仿照第2自然段的写法写一段话。主要体现"学贵在用"。

三、说板书设计

体现狮子的特点，帮助学生充分理解课文内容和表达的思想。

（二）"四说式"说课模式

这种说课模式，将说课结构分成"说教材"、"说教法"、"说学法"、"说教学程序"四个环节进行，它将"板书设计"合并为教学程序中的一块内容进行解说。由于其较好把握，所以是目前被广大教师采用的一种说课模式。教法和学法的选择与安排如何达到最佳并且能够较为清晰、有理有据地阐述？这是说课中最难处理的两个内容。"四说式"把教法和学法作为相对独立的环节分开说，使得说课者在说课时思路相对会更清晰，容易说清楚。说课者可以相对从容地顺承教材、学情分析、教学目标的情况，交代清楚教学中主要的教法、学法及其选择依据，使得听者在听教学程序前，先明确教学实施的理论依据和课堂教学的大致走向。同时也可以把辅助性教法、学法在教学程序中的运用说得更深入、更具体，体现出较好的层次性、针对性。有利于突出和把握好说教法、学法的"度"，在说教学程序时，再见机行事，穿插补充说。这种模式的问题在于，使用的人多，如果说的内容创新不足，容易引起听者的听觉疲劳，影响说课效果。

《她是我的朋友》说课稿

邓燕萍

一、说教材

《她是我的朋友》是九年义务教育六年制小学语文第八册的一篇含蓄隽永的佳作。作者巧妙地设置悬念，先在读者头脑中埋下一个谜，以引起强烈的期待和追索，继而谜底揭开，真相大白，使读者从中获得惊喜和教益。这篇课文讲的是战争时期的一个故事。孤儿院的孤儿阮恒为了救护受伤的同伴，毅然献出了自己的鲜血，挽救了同伴的生命，当问他为什么要献血时，他只是说"她是我的朋友"。课文通过对阮恒献血时的神情、动作的真实描述，生动地展现了他为救朋友而无私奉献的优良品质。

学这篇课文，要继续训练学生抓住课文主要内容的能力，指导学生运用抓住课文主要内容的方法，理解课文，体会表达的思想感情。

本课的教学目标是：

1. 理解课文内容，学习阮恒无私奉献的品格。
2. 说出课文的主要内容。
3. 学会本课生字新词。
4. 有感情地朗读课文。

本课的教学重难点是：体会描写阮恒献血时动作、神情的语句，了解他当时复杂的心情。

二、说教法

1. 情境法。本课是一篇对学生进行情感教育的好教材，教学中要充分利用教师的语言，课文中的插图，使学生如临其境，如见其人，受到情绪的感染，引起感情上的共鸣。本课分三步进行：（1）披文入情，整体感知；（2）精读品味，体会感情；（3）指导朗读，陶冶情感。

2. 扣题法。本课课题揭示了文章的中心，可在学生初步感知课文内容后，说说"她"是谁？"我"是谁？为什么要用人物的语言作课题？再简单介绍小女孩、阮恒的情况，用两三句话说清楚这对朋友之间发生了什么事。训练学生审题和抓住课文主要内容的能力。

3. 谈话法。本课教学，多处采用谈话法，导入新课时，为诱发学生的情感体验，教师可通过谈话营造紧张、危急的气氛。学习过程中，学生在自学、讨论后，以自由谈话的方式汇报自己的学习收获。使学生对所理解的内容得到及时反馈，在谈话中运用知识分析、解决问题，提高学生的语言表达能力，活跃思维，发挥主动性。

三、说学法

1. 读书方法的指导：运用"边读边想"的方法来学习课文。初读课文，尝试理解不懂的词语，提出问题；细读课文，抓住重点词句思考理解，体会感情；最后想想学了这篇课文，在读书方法上有什么收获。

2. 思维方法的指导：引导学生抓住课文的重点句段，由表及里地深入领会语言文字的内在意蕴。如结合具体词句体会阮恒献血时的感情变化时，先让学生从文中找出表示"哭"的词，再辨析这些词语的细微差别。讨论：阮恒当时的心态怎样？使学生明白：阮恒从啜泣到呜咽再到哭泣，可以看出阮恒在输血过程中痛苦、紧张、恐惧的心态，可他没有中断输血，而是在不断地掩饰自己，这正是他舍己为人、无私奉献的高尚品格的真实写照。

3. 迁移方法的指导：在指导学习第5自然段后，引导学生结合"思考练习2"的要求小结出学习方法，再让学生用这种办法学习第9、10自然段。

四、说程序

(一) 披文入情，整体感知

1. 导入新课时，通过语言描述把学生带进课文中的"输血迫在眉睫"的情景，唤起学生对小姑娘安危的关注之情。

2. 教师有感情地朗读课文，把学生带进故事情节，拨动学生的心弦。

3. 默读课文，自学生字生词，读中自悟，与作者产生共鸣。

4. 引导学生紧扣课题提出问题，启发学生掌握课文内容。

(二) 精读品味，体会情感

1. 抓关键词，了解危急。

抓住"迫在眉睫"一词，质疑、释疑，了解事情的起因和所面临的严峻情况，明白给小姑娘输血是救命的关键，刻不容缓。

2. 品词析句，感受悲壮。

(1) 决心献血。以课后"思考练习2"为例，让学生找出其小手的动作：颤抖——举起——放下——举起，从这一系列动作变化的语句中，引导学生感悟他献与不献思想斗争非常激烈，但为了救小姑娘，下定决心举起手来，以自己的死去换取她的生。

(2) 献血时的神情、动作。采用以上的方法来学习，先让学生从文中找出"哭"的词，引导学生比较"啜泣"、"呜咽"、"抽泣"这几个词的意思。提出问题：阮恒为什么会这样？他当时的心情怎样？再画出描写他不断地掩饰痛苦的动作的词，联系上下文和生活实际展开讨论，明白：他是在以顽强的意志战胜害怕和恐惧，再大的痛苦也改变不了他救人的决心，他那不让别人看到自己为朋友牺牲时的痛苦的高尚灵魂也越来越鲜亮感人。学生在品词析句中，真切地感受这悲壮的气概。

（3）解除"死亡"警报。医生用轻柔的声音安慰他，他立即停止了哭泣，好像没事似的，这是为什么？引导学生领会虽然输血不会死，是虚惊，但他那纯洁无瑕、愿为朋友献出一切的美好心灵却放射出夺目的光彩。

（三）指导朗读，陶冶情感

1. 把握环境特点读。如指导学生朗读描写严峻局面的句子时，语速要稍快，读出紧张危急的气氛。

2. 把握感情基调读。如读"一阵沉默之后，一只小手颤抖地举起来，忽然又放下去，然后又举起来"一句时，为表现孩子的思想斗争，"沉默"要读得缓慢、轻声；为强调精神紧张，读"颤抖"的声音稍带发颤；"举——放——举"这三个动词要读出语速的变化（从慢到快），特别是最后"举起来"语气要坚定。学生在读的过程中，品味人物的心声。

3. 图文对照情景交融读。插图与课文内容相辅相成，画面向学生展现直观的形象，让学生图文对照进行朗读，能加深对课文的理解。如朗读课文第9、10自然段，先引导学生看课文插图，再图文对照读，强调重音、停顿、节奏、语调。体味其情感变化，使阮恒的心灵美自然而然渗入学生的心田，使学生受到巨大的感染和教育。

板书设计

她 是 我 的 朋 友

失
小姑娘　　血　　阮恒（无私奉献）
　　救　　献

（三）"五说式"说课模式

"五说式"说课模式是将"四说式"中的板书设计与练习设计独立出来进行解说，分成五个说课的板块。它先说教材，然后依次说教法、说学法、说教学程序，最后说板书和练习设计。将板书和练习设计独立出来说的，这块的内容因此有了更为充分的解说空间，更有利于从板书的设计和练习的安排方面详细阐述如何体现教师引导学生自我学习及学生自我学习的效度情况等。对于有关课文，采用这种模式说课可以较好地补充说明教学程序设计的理由，达到较好的说课效果。

《坐井观天》说课稿

赵洁玲

一、说教材

《坐井观天》是九年义务教育六年制小学语文第三册第四单元第 12 课。这是一篇寓言故事，讲的是青蛙和小鸟争论天的大小，告诉我们像青蛙这样目光狭小，所见有限，还自以为是，是不对的。《坐井观天》位于本单元四篇课文中的第三篇，上承《捞月亮》、《狐狸和乌鸦》，下跟《小马过河》。它处于由知识的学习向知识的运用转化的过渡位置，因此，它是本单元从感性认识上升到理性认识阶段中的一步棋子，是从掌握知识逐步向能力转换的一座桥梁。

（一）教学目标

根据《语文课程标准》，结合教材特点和学生实际，拟定以下教学目标：

1. 学会 7 个生字和由这些生字组成的词语，着重理解"坐井观天"、"大话"、"无边无际"等词的意思。

2. 理解课文内容。懂得"坐井观天"这个成语的比喻意思。

3. 正确、流利、有感情地朗读课文。

（二）教学重点、难点

课文第4~7自然段青蛙和小鸟的对话是教学的重点。理解"坐井观天"的寓意是教学的难点。

（三）创新点

为突破教学难点，让学生创造性地学习，可采用以下方式来培养学生自主探索的能力：1. 图文结合，理解词意；学生模仿动作，理解词意；2. 做实验，体验"观天"：学生用纸圈成筒状体会青蛙之所以认为"天只有井口大"，是因为高高的井壁挡住了它的视线，从而揭示寓意；3. 借助情境，动画演示小鸟漫游，体会小鸟见多识广；4. 设计"跳出井口"，启迪学生创造性地想象，深化认识。

二、说教法

根据寓言故事的特点及本课的语言特色，教学中，以青蛙与小鸟的三次对话为线索，以读代讲，以读促学，让学生在读中悟情明理。引导自由阅读，自由表达，打好自主学习语文的基础。再有，低年级学生喜欢直观、形象、生动的画面，为贴近学生实际，可采用简笔画、录像、动画演示等手段，激发学生学习兴趣。依据新课标的精神，我运用了谈话法、对比法、表演法、实践法等教学方法，激励学生全面参与，主动学习，培养创新能力和实践能力。

三、说学法

新课标要求，语文课程一定要使学生"掌握最基本的语文学习方法"。学生掌握了正确的学习方法，就会产生两个飞跃：一是由"学会"变为"会学"，二是由"被动地学"变为"主动地学"，达到"自能读书，不待老师讲"的理想境界。这样，学生的主体精神被大大激发，其学习效率就会大大提高，做到事半功倍。学无定法，贵在得法，教学本课时，指导学生自由选用"读、说、背、演"等学习方法，结合比较朗读、想象情境、直观理解、做实验等学习方法，真正达到"教是为了不教"这一教学的最高境界，在阅读习惯方面，着重培养学生解疑阅读，学会自学，学会积累的良好习惯。

四、说练习

积累和运用是新课标强调的又一重要内容，在这个环节中，以学生的发展为出发点和归宿点，精心设计练习，训练学生的听说读写的能力。（1）学生听老师范读，听学生朗读，在听中感悟语言；（2）动画演示小鸟漫游各地后，让学生练说，抓重点词让学生练说，想象青蛙跳出井口后练说；（3）通过个别读、齐读、小组读、分角色读、比赛读、引读等形式达到"读书百遍，其义自见"的效果；（4）布置学习课后续写青蛙跳出井口后的故事，延伸课文的内涵，培养学生的创新思维。

五、说过程

围绕教学目标，紧扣《语文课程标准》和教材，体现"学生为主体，教师为主导，训练为主线"的教学思想，体现以读为本，以读促学教学方法，注重看、听、说、读、练的教学思想，可安排两个课时完成。下面具体说第一课时的教学步骤：

（一）启发谈话，引入新课。从学生实际生活中所见到的事物谈起，说自己认为天有多大，引入课题，释题质疑。

（二）图文结合，理解词意。借助图片动画弄懂"落"、"井沿"，在简笔画中贴图找青蛙与小鸟的位置。

（三）指导朗读，启发想象。重点引导体会问号和感叹号的语句所表达的不同语气，从小鸟漫游的画面想象走过的地方，领悟出小鸟眼界宽，看得多，见识多。

（四）突出重点，解决难点：通过动作表演理解课文；通过卷纸筒"观天"，懂得青蛙认为"天只有井口大"的原因。

（五）总结学法，引导自学。检查效果，完成练习。

（六）角色表演。假设情境，创造思维，练说青蛙跳出井口的情境。

（七）归纳总结，提示寓意。

六、说板书设计

一个好的板书，能激发学生学习兴趣，能把课文的思路、教师的教路、学生的学路融为一体，本着板书为教学服务的目的，在板书中，我利用简笔画和图片吸引学生，理解课文，提示寓言。

```
┌─────┬──────────────────────────────┬─────┐
│ 板  │         12. 坐井观天          │ 板  │
│ 书  │         ~~~~~~~              │ 书  │
│ 设  │         天无边无际            │ 设  │
│ 计  │         看得多见得多          │ 计  │
│     │         天井口大              │     │
│     │         看得少见得少          │     │
└─────┴──────────────────────────────┴─────┘
```

（四）其他说课模式

在以上说课模式的基础上，还派生了不少说课模式。比如在"五说式"的"说教材"与"说教法"之间，插进一个"概括陈述"，对整堂课的设计进行"指导思想"和"注意问题"进行一番概括陈述。或者将这个环节安排在"五说式"的最后，作为"概括总结"，既补充陈述，又进行总结，是为"六说式"。

还有一种"程序式"说课模式。它不按教材、教法、学法、教学程序这样的结构方式进行说课，而是直接说"教学程序"。在说教学程序的各个环节时，分别将教材解读、教法选择、学法安排、板书设计、练习设计等随机渗入进行解说。

《秋天的怀念》说课稿

宋 黎

一、说教材

《秋天的怀念》是九年义务教育六年制小学语文第九册第三组中的一篇略读课文。选编这篇课文，一是让学生受到伟大母爱的熏陶感染，接受一次"爱"的教育；二是提高学生的自读能力。围绕课文的中心意义，我这样安排全课的教学设计。

（一）激情引趣，导入新课（板书：10. 秋天的怀念）

导语：围绕"秋天的怀念"你想知道什么呢？

课文讲述一位重病缠身的母亲，体贴入微地照顾双腿瘫痪的儿子，鼓励儿子要好好地活下去的故事，歌颂了伟大而无私的母爱。作者借助对几件平常小事的细致描写，表达了母子之间的似海深情。我用这个设计来初步唤醒学生内心深处爱的体验，有利于深入理解课文内容。

（二）质疑导读，激发兴趣

1. 题目的中心词是什么？

2. 你能就中心词提几个问题吗？（如：怀念谁？为什么怀念？）

质疑是一种学习方法，可以培养培养学生善于发现问题，提出问题的能力，激发学生阅读的积极性和主动性。

（三）初读课文，读中感知"爱"

1. 学生采用自己喜欢的方式通读全文。

2. 通过通读全文，你知道了什么？能告诉大家吗？

3. 小组交流，谈收获。

引导学生自主读书，学习在自主学习的过程梳理课文脉络，使学生对文章有个整体的印象，初步了解母亲对"我"的爱。

（四）精读课文，读中感悟"爱"

1. 请同学们采用自己喜欢的方式快速浏览课文。

2. 从文中找出你最受感动的地方，并说说为什么最受感动。

3. 交流品悟，教师点拨。

品读是语文学习的一种重要方法，可以深入地和文本对话，和作者对话，和人物对话。我在这里安排学生通过品读母子的言行，抓住三次"悄悄地"进行品味，引导学生充分感悟母亲内心的痛苦、悲伤、坚强与对儿子深沉的爱。

培养学生整体把握课文的能力和语言表达能力，通过生与生、组与组、师与生等多边合作突破重难点，把学生的思维不断引向深入。

（五）感情读，读中体会"爱"

1. 指导朗读。

找出三处"悄悄地",通过教师范读、学生自由朗读,引导学生体会母亲关切、焦急、无奈、忍耐的心情。

教这篇课文,我把重点放在指导学生围绕课文的重点、难点、读书、思考、讨论、交流。在整个教学过程中以"读"为主线,让学生在读中理解,在读中感悟,以培养学生的自读、自悟能力。在交流评价中变单向为多向,让学生都动起来,使不同层次的学生在互补互促中共同提高。

2. 同桌品读。

3. 交流体会(板书:坚强、伟大、无私)。

导语:母亲对儿子是这般细微的关爱与呵护,而她对自己怎样呢?作为儿子的作者他当时知道吗?

我这课的教学,主要采用指导"初读—精读—品读"三层次读书方法,引导学生自学,从中渗透"合作学习"方法,激发学生学习的主动性。教学中主要引导学生抓住人物的对话、动作、情态这些细节的刻画,通过对比来体会母亲的深情,体会作者对母亲深深的愧疚、热爱、怀念之情,并组织学生通过口语表达,进一步感悟母爱的伟大,使学生受到爱的教育,同时也培养学生的发散思维和语言表达能力,提高学生的理解能力和表达水平。

(六)拓展延伸,进行"爱"的教育

1. 创设情境:假如你是作者史铁生,而今天又正好是清明节,面对母亲的遗像,你想说些什么?

2. 学生进入角色,进行口语表达训练。

板书设计	10. 秋天的怀念 作者:暴怒、摔向　　(心情) 母亲:挡在、悄悄地　　(安慰) 　　　　(思念)	板书设计

本课的板书用对比式进行展示。主要抓住"暴怒、摔向、挡在、悄悄地"这几个关键词语，将作者瘫痪后的心情——"暴怒"以及母亲对作者的"安慰"进行对比，将母亲得肝病"去世"后，作者对于母亲深深的"思念"之情进行对比。通过这几个简练概括文章内容的词语，最终升华为"母爱的伟大"，使学生受到爱的教育。

不论采用何种组合结构的模式说课，关键要抓好三个要件：第一，说课的内容是不能缺的，缺少了其中任何一项内容，都会给你的说课带来遗憾。第二，说课的理论味不能淡，理论过淡的说课，就不是说课，而是说教案了。第三，逻辑严密，思维缜密，言简意赅，自圆其说是说好课的基本条件。

四、 小学语文说课的基本要求

说课的目的，是让人明确你所上的课的内容是什么，你具体将怎么上，你这么上的理由依据是什么，你将能达到什么效果。必须将这些内容阐述清楚明白并使人信服。由此可见小学语文说课的基本要求至少有"六个说清"：

第一，说清本课在本学科、本学段、本册教材中所处的教学地位及其作用。小学语文教学是一个系统性较强的学科，它的课时教学因为所处的教材位置与课文类型的不同，其所体现出的教学内容、教学目的不同，其在语文知识的传授、语文能力的训练、人文素养积淀等的作用也是不同的。课文的教学内容不是前期内容的简单延续，而是与今后授课的内容密切相连，是前后知识、能力学习的关键点和连接点，有的甚至是本学段的重点，起着承上启下的作用。说清这些关键，才能使自己的教学落到实处，确保教学质量。

第二，说清语文教材的语言特点。语文教材中的课文，多是精品的童话、寓言、故事、诗歌、散文、说明文、经典文言文。它们本身各有其自身的语言特点：或词汇丰富，或朗朗上口，或寓意深远，或写法独特，或思维广阔，或知识趣味盎然……对其独特之处进行准确而深入的解读，是处理教学内容的前提。其次，语文教材将作文教学文本安排在教学体系之中，本身有着精读课文与阅读课文之分，两类教材教学的重点不同。所以在预案阶段，针对教材类别的不同，对教材的语言特色解读就有所侧重，说课者必须结合课型类别将不同教学目的说明白。

第三，说清本课教学内容的重点和难点。每一课时的教学都有需要学生掌握的、针对本学段教学系统设置的教学重点，所以教学必须突出重点。同时，由于语文学科是个大综合性的学科，小学生在掌握知识的过程中，在字、词、句、段、篇或者思维练习等方面总有一些难以掌握的地方，教师必须结合课程标准的要求，准确捕捉这些重点和难点，在说课的过程中结合学情说清重点、难点及其在教学各个内容之间的关系，有针对性地选择具体的教法，以及在何时进行突破。

第四，说清达成教学目标的方法与手段。教师确定教学目标之后，教学中采用什么方法和手段来达到预设的课堂教学目标，就成为教学实施的主要问题。语文教学中可运用的教学方法、手段多种多样。读，是基本的方法。但是如何读、何时读、读的频度与深度等等则是非常讲究的。课件、网络等教学媒体的应用等亦是如此。所以说课者必须说清采用何种方法完成教学任务，运用何种教学手段解决教学重点、化解教学难点并说明采用这种方法的必然性、可行性和预计将达到的效果。

第五，说清实施教学的结构程序。课堂教学的时间只有 40 分钟，教师如何有效甚至高效地实施教学，教学程序的设计相当重要。如何预设学习铺垫，如何导入新课，如何梳理课文的脉络，如何夯实字词学习，如何引导学习课文整体，如何引入教学重点，如何化解教学难点，如何调节学生学习情绪，如何关注每个学生的学习，如何巩固所学知识，如何引导学生品文激情、如何指导学生学会学习，如何引导学生体验情感、进行联想……无不牵涉到"时间"、"教学容量"、"教学效度"问题。说课者要将自己设计的教学结构中各个环节的妙处恰如其分地介绍清楚，将教师教的活动与学生学的活动如何有机结合的安排设计过程说清楚，将学生学习过程中学习状态的调节与信息的有效传递说清楚。

第六，说清教学目标达成的可能性。目前的语文说课对这项内容通常不太重视。实际上每节语文课的教学都有一个最终的效果，说课既然是教学的预说明，说课者就必须根据本学段的教学要求，针对本课的教学设计，对字、词、句、段、篇等方面或某个教学要点将达到的目标进行具体说明和预测，使得听、说双方对教学的可能效果有个明确的认识和评判。这可以对教学中临时可能出现的一系列问题进行研讨和调节。

第三章　小学语文说课前的准备

说课是一项综合性很强的专业展示与交流活动，为了取得好的说课效果，事先准备是必不可少的。"凡事预则立，不预则废"，"不打无把握之仗"，说的就是事前准备的必要性。充分的准备既是自我积淀和提高的过程，也是说课成功的起点。只有准备充分，说课才能展现出较高的质量，取得较好的成果，对于小学语文学科这种涵盖面广、系统性强的学科而言，说课前的准备显得尤其重要。

投入正式说课前应做好三个准备：

一、 明确说课的目标

我为什么要参加这次说课？是因为接受了一次说课的任务？是因为要在说课中展示我的研究成果？是因为要在说课中锻炼自己？还是为了在说课评比中获得某个具体的名次……这些在参加说课之前就必须非常明确而具体。有了一个明确的目标定位，才有可能在说课中有针对性地发挥出水平，取得与自身能力相适应的成效。如果是因为接受教研任务而说课，那说课准备的重点就应放在教研组的研究重点或者教研组成员普遍存在的问题上，它针对的是集体研究的、教学共性的问题；如果是为了在说课中展示教师自我的教学经验或研究成果，它研究的是个人层面的、个性特色的东西，那说课的重点就应该放在本人研究的重点内容上，以期通过说课获得交流、指导与认同；如果是希望在说课中锻炼自己，那就应该把重点放在自己业务最薄弱的地方，以求通过说课的体验和行家的指导使自己成熟起来；如果是为了在说课的评比中获得某个具体的名次，那这是竞争性的说课，必须把重点放在如何使自己的说课尽量完满，没有缺憾上。这样的准备才能有的放矢，获得成效。

二、认真准备说课稿

无论说课的目的是什么，事先准备好一份优良的说课稿是小学语文说课获得成功的基本保证。

准备说课稿应考虑哪些方面呢？

（一）进一步熟悉课标

《语文课程标准》是小学语文教学活动必须遵循的基本准则，可以说是小学语文教学的法律。熟悉课标，遵循课标的要求展开教学，是语文教学、教研的底线，但是这点往往被教师们所忽略。借参与说课活动，进一步熟悉课标（甚至将课标背下来），以求纯熟地掌握课标所规定的教学任务、教学目标及本学段的教学要求、教学中应遵循的原则等，说课才能更好地在课标的规范下进行，才不至于在说课中偏离学段的教学目标，才不至于在低年级教学中出现"归纳课文主要内容"，在高年级教学出现"齐读生字新词"之类的不符合学段教学要求或教学方法的情况。

（二）深入研读教材

教材是教学的文本依据，也是说课活动最重要的文本依据。新课标语文教材的编写基本都体现了"循环反复"、"螺旋上升"的特点，许多知识教学、能力训练的前后联系相当紧密。所以说课之前应进一步熟悉整册教材，准确地把握全册教材的编写意图、教学目标，深入了解相关知识、能力训练的上下承接和前后延续关系，对全册教材中语文知识延伸和能力训练的内在联系做到牢固掌握、心中有数。同时熟悉各个单元重点课文在本册教材中所处的地位和作用，联系教学要求及学生实际准确把握重点、难点。

在深入钻研教材的同时，还应该积极扩展知识视野，丰富与所说课文有关的知识，积极涉猎相关学科，使自己的知识结构得以有效完善，使得自己的说课在备课层面上具有一定的深度和广度，体现出语文学习、研究的厚积薄发。

（三）准确分析学情

语文教学是师生与文本对话的过程，学生既是教学活动指向的目标，又是教学活动中最活跃的参与者、检验者，所以学生是教学活动中最重要的一方，是学习的主体。任何有效的教学必定是建立在对学生的年龄特征和学习情况准确分析和良好把握的基础上的。在说课中，对学生进行准确的分析是处理教学内容、制定教学目标、明确教学重难点、选择教学方法、设计教学过程的基础，是说课的基本依据之一。学情分析得越清楚，教学就越主动，说课就越有针对性，对说课获得成功大有裨益！

（四）夯实理论基础

上课是实践性很强的活动，而说课则是理论性很强的活动。说课是从理论层面对教学内容的分析、教学过程的设计、教学方法的运用及教学将达到的效果进行阐述，用"以理服人"的方式让自己的教学设想赢得别人的赞同和认可。如果没有一定的理论准备，不可能将课说好。所以说课前教师一定要针对自身实际，结合本学段学生的心理特点，掌握一些常用的、实战的教育学、心理学、语文教学法理论，在说课过程中才能得心应手地应用。说课一定要在理论的指导中展开，否则说课就只能停留在经验的层面上。没有理论高度的说课，实际上仅仅是介绍自己的教学流程而已，不能算是说课。

（五）撰写并修改说课稿

按照说课各个要素的要求，设计一份属于自己的说课稿或说课"模板"是说课成功的关键因素之一。许多教师喜欢套用别人的说课模板进行说课准备，这在尝试说课的初始阶段用作借鉴，以学习别人的长处，是可行的。但是如果不能消化其中的奥妙，内化为自己的东西，则说课的效果常常不好。俗话说"孩子是自己的好"，说课稿就是自己苦学、冥思之后生产的"孩子"。一份好的说课稿或者说课"模板"必定是切合自身、专门为自己量体裁衣而做的。

说课稿的撰写，除了必须的内容要件，没有什么特别固定的框框或格式，只要能结合理论和教学实际写出自己在教材解读、目标制定、教学方法选择、教学过程的设计等方面的所思所想就行了。

说课稿在构思与修改的过程中，主要的着眼点在以下四个方面：

第一，教材解读是否透彻到位。对语文教材的解读，既衡量了教师的阅读水平，也决定了教学文本的价值被利用到什么程度。准备说课稿，首先要在理解、把握语文课程特点的基础上，检查教师对所选课文在整册教材中的地位、作用的理解及前后联系的分析是否准确。其次，反思教师对课文的内容及其表达的特点所进行的阐述是否准确而简要。再次，结合教材特点、学生实际、教学目标三个参照，反思教师对课文的教学重点、难点的确定是否准确，依据是否充分等问题进行判断和修改。

节选《荷花》说课稿如下：

一、说教材

人教版小学语文三年级下册共有32篇课文，设计了8个专题。第一个单元的主题是"感受大自然的美好"，由精读课文《燕子》、《古诗两首》和《荷花》，略读课文《珍珠泉》和《语文园地一》组成的。

《荷花》是这个单元中的第3篇精读课文，文章描写了夏日公园里一池荷花盛开时的情景,以及"我"沉浸在此景中,与荷花融为一体的感受。作者以丰富的想象力,描写了荷花的清新美丽,展现了一幅别具姿态、色彩明艳、活生生的水中荷花的画面,表达了作者热爱大自然的感情。全文共5个自然段,第1自然段写去公园看荷花;第2、3自然段描写荷花生长的各种优美的姿态;第4、5自然段分别写自己观荷花时的想象和感受。课文表达上的主要特点是语言朴实简洁,想象丰富,富于感染力。

二、教学目标

1. 会认3个生字,会写出12个生字。能正确读写"荷花、挨挨挤挤、莲蓬"等词语。

2. 引导学生正确、流利、有感情地朗读课文。

3. 在读文章、想画面中,体会作者丰富的想象力,同时,让学生感悟描写的细腻以及语言表达的生动形象,并积累语言。

4. 让学生在欣赏美丽的荷花中,体会大自然的神奇美妙,激发对大自然的热爱之情。

三、重点、难点分析

对于三年级的孩子来说,由于受自身活动范围及分析、认识事物能力的限制,写景状物的散文对他们的吸引力远不如故事性强的记叙文大。因此,激发学生的学习兴趣,让学生感受荷花美丽的姿态,体会作者丰富的想象,培养他们对大自然美的体验是教学的重点,感悟语言、培养语感是教学难点。

……

教师在"说教材"中,不但结合学段要求及学生年龄特点把课文在教材中的位置及在教材中的前后联系说得清楚明白,而且对教材体裁、类别、内容的解读准确、精要、层次清晰,对文本的写作特点交代得简洁明了,同时根据语文课程标准的要求制定了语文味十足的、明确的教学目标,而对教学重、难点的把握则侧重以学情的分析为依据进行确定,并简要地提出了本课教学的教法设想。

第二,学情分析是否准确。学情的分析主要包括学生学习本课的原有基础和现有困难的分析、教师采用什么教学方法解决这些问题。在说课与教学过程中，教师对学情的把握所花时间较少，这也是当前语文教学费时低效的重要原因之一。准确的学情分析是增强教学针对性、克服教学"少慢差费"现象的关键。

节选《小白兔和小灰兔》说课稿如下：

一、说教材

《小白兔和小灰兔》是义务教育课程人教版小学语文一年级下册第26课。……课文内容较之一年级上学期有一定的拓展和延伸。在上学期学习的基础上，学生有了一定的识字量，懂得借助课文注音初读课文。大多数学生在阅读方面逐渐产生了兴趣，能在老师的引导、点拨下读懂这篇课文，初步尝到阅读所带来的快乐。

……

教师结合教材解析进行学情分析，针对教材的编排简述学生学习的经历，点明了学生学习的实际状况和基本学力，简要交代了将采用的基本教学手段，并依此制定与之相适应的教学目标。教学的效度可信，教学的效果基本能够实现。

第三，教学目标明确具体。明确、具体、完整的教学目标是教学的任务达成的评判依据。制定教学目标是教师们的日常工作，但是说课稿中所制定的教学目标是否符合《语文课程标准》规定的"知识与能力、过程与方法、情感态度价值观"三维要求？各项目标的制定是否相对完整，切实可行？知识、能力、方法、情感态度价值观等方面是否和学生的学习实际相吻合？这在我们反思、评价说课准备中很值得深思、掂量。

节选《小白兔和小灰兔》说课稿如下：

……在上学期学习的基础上，学生有了一定的识字量，懂得借助课文注音初读课文。大多数学生在阅读方面逐渐产生了兴趣，能在老师的引导、点拨下读懂这篇课文，初步尝到阅读所带来的快乐。

遵循《语文课程标准》对第一学段提出的教学目标：识字写字要多认少写，养成正确的写字姿势和良好的写字习惯；学习用普通话正确、流利、有感情地朗读课文，结合学生的学习实际和本单元的教学专题——"我们都有好品质"以及语文学科人文性教育的特点，本节课的教学将要完成以下三个目标：

1. 知识能力目标：认识生字新词，会写"吃、种"两个生字。

2. 情感态度目标：了解小白兔和小灰兔不同做法和不同收获。愿意做一个热爱劳动的孩子。

3. 过程和方法：在读课文的过程中，帮助学生懂得应该热爱劳动，凭着自己的劳动，才能丰衣足食的道理。

……

教师在这课的教学中制定的教学目标出于四项基本依据：1. 对学生"有了一定的识字量，懂得借助课文注音初读课文。大多数学生在阅读方面逐渐产生了兴趣"的具体学情进行的基本分析；2. 遵循《语文课程标准》对第一学段"识字、写字、普通话"的教学目标要求；3. 教材对本单元教学专题的编排要求——"我们都有好品质"；4. 语文学科人文性教育的特点。依此四项制定了本课教学的三维目标要求。应该说这样的教学目标制定是相对完整、符合语文教学要求的。

第四，教学方法选择运用是否合理。教法的选择与学法的安排、落实是教学程序的构成要件，几乎可以说，每一个教学环节都是由教法或学法的实施构成的。教师在说课中基本都能安排相应的教法和学法，并进行简要的阐述。但是对于教学法选择和安排的理论依据往往不重视，在教学程序中的落实情况也往往不能令人满意。所以在判断教法、学法的安排与落实时，应紧密结合教学程序的进程进行。

《少年闰土》说课稿（第一课时）

邓燕萍

一、说教材

......

二、说教法

1. 情境教学法。

闰土"看瓜刺猹"这幅画面给作者和读者都留下了极深刻的印象，教学中通过情境渲染，自主品读，启发学生想象画面，再现语言文字所反应的客观事物，让闰土这个人物在画面中鲜明地树立起来，深入人心，使学生了解人物的特点。

2. 自主阅读，合作探究法。

教学中主要采用自主的学习方式，通过各种读来学习课文：在初读中整体感知，在细读中理解，在精读中感悟。在指导学生学闰土给"我"讲的四件事时，采用小组学习，合作探究的方式，引导学生接近闰土，认识闰土，了解闰土的特点，培养学生自读、自悟的能力，合作学习的能力。

3. 读写结合法。

课文对闰土的外貌描写简洁而精彩。教学中引导学生抓住人物外貌上最有特征的方面去体会人物最突出的性格特点。这样既符合认知规律，又符合写人文章的写作规律。在课堂上安排适当的时间进行小练笔，做到读写结合。

4. 课后拓展阅读法。

课后阅读《故乡》原文。运用抓住人物语言、动作、神态了解人物内心的方法来体会长大后的"我"和闰土的内心活动，然后同学之间交流中年闰土是怎样一个人。将课内的学习方法用于课外的阅读实践当中，达到课内外的有机结合。

三、说学法

五年级的学生经过学习，已经具备了一些理解课文的能力。所以本课可引导学生运用"读——思——议——读"的学习方法。学生通过动脑、动口、合作等方式，让课堂上有琅琅的书声、静静的思考和热烈的讨论，充分突出语文教学的特点。按照"品读语言——表达感悟——积累语言",让学生实实在在学语文,体现工具性和人文性有机统一。

四、说教学程序

(一)情境渲染,引出闰土

1. 以介绍朋友引入,展示"月下看瓜刺猹"图,教师声情并茂地范读:"深蓝的天空中挂着一轮金黄的圆月……"

(这样处理,有情有景,可以很快地把学生引入课文所描述的特定的情境当中,从而激起学生积极参与学习的欲望。)

2. 初次见面,这个少年给你留下了什么印象?(板书:少年闰土)

(二)整体感知,初识闰土

1. 自由读课文,读准字音,读通句子,看看课文先写什么,接着写什么,然后写什么,最后又写什么。(板书:回忆 初识 相处 离别)

2. 这四个部分,哪个部分给你印象最深?

3. 交流印象深刻的内容。

(三)直达重点,了解闰土

1. 小组合作,讨论交流。

让学生把闰土和"我"的对话找出来,先自由读一读,再在小组中合作学习课文第6~13自然段,讨论交流自己喜欢的内容。

2. 汇报学习成果。

(1) 以闰土语言为突破口,指导朗读、概括出四件事。

先指名轮流读闰土所说的话,其间注意生字、多音字的读音指导和长句的朗读指导。

再指导学生概括出闰土的话中包含着四件事。(板书:雪地捕鸟、海边拾贝、看瓜刺猹、看跳鱼儿)

(2) 自读闰土的话,边读边想象画面。问:你最感兴趣的是闰土的哪些话?生读,师相机指导。

3. 重点研读"看瓜刺猹"。看看哪些地方稀奇,让你感到有意思,勾画有关句子,写上批注。老师指名交流。

(1) 出示课文第 1 自然段，让学生默读，说读书体会。

(2) 采用个别朗读、分角色朗读、齐声朗读等方式，让学生感受景美、闰土勇敢、猹的狡猾。读出自己的理解。

(3) 出示课文对话，看看闰土是怎样说，"我"怎样听。同桌练读，男女分角色读。

(4) 结合课文第 4 自然段，感受闰土健康可爱的形象。

(5) 小结。这件事给"我"的印象是十分深刻，时隔三十年呀，当母亲再跟"我"谈起这件事时，"我"脑海中浮现出这样一幅画面。展示"月下看瓜刺猹"图，学生配乐诵读第 1 自然段，背诵积累语言。

（采用"情境渲染、联系实际谈感受、引入背景资料"等方法，引导学生理解感悟闰土的特点。通过入情入境的朗读，使学生如临其境，如见其人。）

4．从读学写，进行课堂小练笔。仿照作者描写闰土的方法，请你抓住你最熟悉的一位同学的外貌特征，用三言两语写下来，让大家猜猜你写的是谁。

（从读学写，读写结合，学以致用，这样既符合认知规律，又符合写人文章的写作规律。）

5．教师引读"雪地捕鸟、海边拾贝、看跳鱼儿"。学生再次感悟闰土的形象，体会对话的作用。

（由扶到放，体现"教是为了不教"的理念。）

（四）拓展延伸，再识闰土

1．启发学生想象说话："我"和闰土分别近三十年后，再一次相见了，见面时说的第一句话是什么？

2．出示《故乡》片段：

一日是天气很冷的午后，我吃过午饭，坐着喝茶，觉得外面有人进来了，便回头去看。我看时，不由得非常出惊，慌忙站起身，迎着走去。

这来的便是闰土。虽然我一见便知道是闰土，但又不是我这记忆上的闰土了。他身材增加了一倍；先前的紫色的圆脸，已经变作灰黄，而且加上了很深的皱纹；眼睛也像他父亲一样，周围都肿得通红，这我知道，在海边种地的人，终日吹着海风，大抵是这样的。他头上是一顶破毡帽，身上只一件极薄的棉衣，浑身瑟索着；手里提着一个纸包和一支长烟管，那手也不是我所记得的红活圆实的手，却又粗又笨而且开裂，像是松树皮了。

我这时很兴奋，但不知道怎么说才好，只是说：

"阿！闰土哥，——你来了？……"

我接着便有许多话，想要连珠一般涌出：角鸡、跳鱼儿，贝壳，猹，……但又总觉得被什么挡着似的，单在脑里面回旋，吐不出口外去。

他站住了，脸上现出欢喜和凄凉的神情；动着嘴唇，却没有作声。他的态度终于恭敬起来了，分明的叫道：

"老爷……"

我似乎打了一个寒噤；我就知道，我们之间已经隔了一层可悲的厚障壁了。我也说不出话。

(1) 中年闰土是一个怎样的人呢？

(2) 课后读鲁迅小说《故乡》，自主探究原因。

(这样的拓展阅读，让学生对闰土的形象再认识，同时学会思考，学会思辨，树立大语文观。)

五、说板书设计

根据学生学习的思路，我边分析课文边板书重点词句，这样可以使学生一目了然地知道课文的主要内容及闰土这个人物形象，加深学生对课文感情的理解。

板书设计	少年闰土	板书设计
	回忆　初识　相处　离别	
	雪地捕鸟	
	海边拾贝　　聪明能干　健康可爱	
	看瓜刺猹　　机智勇敢　经验丰富	
	看跳鱼儿	

首先，从教师的教学设计看，选择的"情境教学法"符合课文的特点，作为贯穿全课的主要教法；选择的"自主阅读，合作探究法""读写结合法"适应了五年级学生的原有学习水平及课文处理的能力，适合作为本课的设计特色呈现；"课后拓展阅读法"在第一课时的教学中，既可作为课后练习安排，也可作为一种学习方法进行阐述。本课时学法以"读——思——议——读"的方式展开，对应进行"品读语言——表达感悟——积累语言"的语言练习，可以说较好地体现了学生的学习与语文学科特点的统一，具有较强的学科性。

其次，从教学程序的进程来看，教学方法在教学程序中的呈现比较明确，针对教学的各个环节，相当明确，教法、学法体现于教学过程的有关环节之中，在教学中能落到实处，克服了许多教师说课时"教法说得头头是道，学法说得中规中矩，但是一到教学程序中，教法学法都不见影"的现象。

再者，从练习的设计来看，拓展性练习的设计比较明确、具体，通过拓展阅读，深化对人物的感知，将练习设计与本课的教学目标相统一，体现出既面向全体学生，又体现层次性，有助于各类学生学习效果的巩固和学习能力的形成及思维品质的培养。

第五，准备多种课型说课"模板"。语文说课应紧密结合学段特点及课文体裁进行，体现各学段、各种体裁课文的教学特点，引导学生学习、感悟，从中学会各种观察、思维方法，懂得相关习作的规律，学习习作方法。但因课型、文体、学段的不同，准备好各种课型的说课稿"模板"进行练习是参与评比型说课需认真准备的一项功课。

精读类课文的说课，侧重于体现教师引导下的学生学习，学生在教师的引导下通过深入学习语言，体验文化熏陶，从中学会学习语文的方法，即"得法"。

阅读类课文的说课，应侧重于体现教师指导下的学生自主学习，学生运用精读课文中学到的方法，自我展开学习，即"用法"。

三、做好说课前的演练

说课是一种能力，既需要较高的教育教学理论素养予以支撑，还需要良好的口头表达能力及心理承受能力支持。所以在参加评价性说课前，还需要在说课前进行有关的说课演练。

要强化说的练习。说课，是用口头语言表达你的教学思想、教学设想，要用你的口头表达能力为你的教学表达增色。练好说的功夫，要注重语气、语量、语调、语速、语感等表达技巧的练习，更要加强"说"的练习。说课，是理性的"说"，是严谨的"讲"，不是"背"，更不是"诵"。说课，要善于用科学、理性的语言进行表述，而不能用煽情的方式表达。

练好说的功夫，还表现在设计好一个简明准确的开场白，几个环节转换的过渡语，一个简洁明了的总结语。再有就是在说的过程中做到姿态自然、落落大方。说课，面对的是一群有较高水平的人进行的"自我推销"，临场总会产生一种心理的紧张感，尤其评比型说课。它需要教师具有相当的心理稳定力、临场应变力，以免说课时心理紧张造成心理失衡，形成障碍，从而影响正常发挥。因此在说课前教师应做好充分的心理准备，进行心理调节练习，消除紧张感，稳定心理状态，增强自信心。

第四章　小学语文说课怎样说教材

语文教学是凭借文本教材为基本载体进行的。教师以这个载体为基本凭借，对学生进行学情分析，遵循课程标准，确定教学目标，制定教学方案，实施教学。所以对教材的解读就成为小学语文说课中一项最基本的内容，可以说有什么样的教材解说就决定了什么样的教学基础。

一、"说教材"的主要内容

在小学语文说课中，"说教材"应包含以下具体内容：

（一）简介课程的特点

小学语文课程具有自己鲜明的特点，在说课中不必要对其所有特点进行阐述，但是必须结合教材、学段的实际，结合语文课程的某一特点进行解说，这有利于站在学科课程的高度来理清教材编写的思路，进而全方位地理解教材、解读教材。既审视统领本课教学的全局，又有利于在理论层面上获得学科教学中某一方面的支撑与突破。

节选《女娲补天》说课稿如下：

《女娲补天》是人教版新课标小学语文三年级下册第八单元的一篇精读课文。在语文教学中对学生进行人文素养的培育是语文课程的重要特点之一。

《语文课程标准》第二学段的目标中指出,要关心作品中人物命运和喜怒哀乐,教学中强调要加强学生的情感体验,使学生通过情感体验,获得价值观的初步认知。文章入选课文的主要意图,一是让学生了解神话故事的特点,感受我国古代劳动人民丰富的想象力;二是体会女娲为了拯救受苦受难的人们不怕危险、不怕困难、甘于奉献的精神。

……

教师在解读《女娲补天》时,注意到了通过语文课程的特点对教材的编写思路进行一番解读,从而引入在教学中对学生进行价值观的引导。这样的解读容易使自己站在一个比较高的高度来组织教学的实施。

(二)说清教材的位置

由于教材编写的体例不同,同一篇文章在教材中出现的时机、地方的不同,决定了其教学的目的要求是不同的。所以说课中对于所说的课文属于哪个版本、哪个册次、第几单元等应该有一个明确的交代。尤其所说课文的类型、在全册教材及所属单元中的地位如何、与前后教学的联系等,必须结合单元学习的重点、课文导读或"积累运用"中的训练要求,进行准确的定位,并说得清楚明白,让听者有一个相当明晰的感受。

节选《坐井观天》说课稿如下:

一、说教材

《坐井观天》是人教版九年义务教育六年制小学语文第三册第四单元第12篇课文。这是一篇寓言故事,讲的是青蛙和小鸟争论天的大小,告诉我们像青蛙这样目光狭小,所见有限,还自以为是,是不对的。《坐井观天》位于本单元四篇课文中的第3篇,上承《捞月亮》、《狐狸和乌鸦》,下跟《小马过河》。它处于由知识的学习向知识的运用转化的过渡位置,因此,它是本单元从感性认识上升到理性认识阶段中的一步棋子,是从掌握知识逐步向能力转换的一架桥梁。

……

教师用简洁连贯的语言,将教材的有关"位置"交代得一清二楚,同时侧重将本课与前后课文的"位置"关系,前后联系,地位作用进行了说明,相对比较清楚地说明问题。

(三)说清教材主要内容及语言特色

课文的背景及主要内容可以概括地说,也可以分段具体介绍,主要在于阐明课文的体裁特点、内容的基本情节。在小学语文学习中,由于课文体裁(如童话、寓言、抒情、记事、状物、说明文等等)的不同,教学的重点及学生学习的方式也有极大的不同,所以将课文的体裁交代清楚,对于教学程序的设计及教学方法选择的判断具有重要的意义。由于语文学习感悟、体验、习得等方面的需要,通常应将所说课文的某一语言特色(如遣词用句,或修饰方式,或思维方式,或人物刻画,或价值观表达等)进行具体的说明,既体现出教师对教材独特的理解与解析,也为确定教学重点,制定教学目标,有针对性地处理教材,扎实教学过程,实施有效教学,做出个性化的教学设计奠定良好的基础。

节选《巨人的花园》说课稿如下:

一、紧扣特点,说教材

《巨人的花园》是人教版小学语文教材第七册的一篇课文。是英国作家王尔德写的一篇童话故事,讲的是一个巨人看到孩子们在自己的花园里玩耍,很生气,他在花园周围筑起了高墙,将孩子们拒于墙外。从此,园里花不开,鸟不语,一片荒凉,春、夏、秋都不肯光临,只有冬天永远留在这里。一天,孩子们从墙洞爬进来,春天也就跟着孩子们来了,园里立刻变得生机勃勃。当他把孩子们再次赶出花园之后,花园又被冰雪覆盖了。后来,在小男孩的启发下，巨人醒悟了，随即拆除了围墙，花园成了孩子们的乐园，巨人生活在漂亮的花园和孩子们中间，感到无比的幸福。从这篇童话中，我们可以体会到，能和大家一起分享的快乐才是真正的快乐。

本文的显著特点是运用对比的方法展开故事情节、揭示道理。文中多处进行了对比，如，巨人砌墙与拆墙后花园情景的对比，巨人砌墙与拆墙后态度的对比、感觉的对比……正是在这些对比中，故事的情节变得跌宕起伏，故事所揭示的道理也自然地显现出来。

文章中重点句子有两句：一是"小男孩没有拔腿逃跑，却用他那会说话的眼睛凝视着巨人。"小男孩在文中是一个奇异的人物——他一伸手，桃树马上绽出绿芽，开出美丽的花朵。是他使巨人幡然醒悟，他用眼睛专注地看着巨人，仿佛在跟巨人说着什么，孩子用他那双会说话的眼睛，给巨人带来了怎样的震撼？巨人从小男孩的眼里读懂了什么？课文中没有写出来，给我们留下了无限的想象空间。但从后来巨人的变化，我们可以体会到，巨人从小男孩的眼里，读出了温情，读出了爱。二为"唤来寒冬的，是我那颗任性、冷酷的心啊！""任性"是指放任自己、不加约束；"冷酷"是指待人冷淡苛刻。这是巨人醒悟后说的一句话，他明白了春天不到花园里来的原因：是因为自己太任性了——一次次赶走孩子们；是因为自己太冷酷了——一次次训斥孩子们。他想自己独享花园里的一切，结果得到的却是寒冷和荒凉。这句话是帮助学生体会童话所揭示道理的一个关键性语句。

……

教师在解读这篇教材时，先交代所在版本、册次、体裁、作家，再介绍课文的主要内容，从整体上给人一个课文的总体印象。接着具体解说课文主要的表达方式——对比，给听者写作主要方式的感知，为阅读方式的选择作好铺垫。然后详细解读课文中的两处句子，为教学中引导读书、感悟奠定基调。这种解说有利于彰显课程的特点，突出教材的特点，把握课文的表达方式，理解文章的深刻内涵，为教学设计奠定基本的调子，容易使自己的教学预设显得更有针对性，从而获得听者的认同。

（四）说清教学的重难点

教学重点的解决、教学难点的突破始终是课堂教学的焦点所在。小学语文教学由于学科课程特点、教学要求、教师对教材的解读、师生素质状况及文本与师生学习生活的实际相距较大等因素，所以教学的重点、难点往往并不相同。说课时教师应依据教材、学生的实际，结合课时教学等不同情况进行准确的定位，清晰地阐述"重点为什么是重点""难点之所以为难点"。

节选《北京》说课稿（第一课时）如下：

一、说教材

……

《北京》一课是人教版小学语文教材第五册第七单元的第3篇课文。第七单元的阅读训练重点是"阅读按方位顺序写的一段话；要注意写了哪几个方位，每个方位都写了什么"。而本课的第2自然段就是按方位顺序具体介绍了天安门广场及其周围的建筑。由此，可以确定本课的教学重点为：课文第2自然段，按方位顺序具体介绍了天安门广场及其周围的建筑物。并且使学生通过本段课文的学习进一步掌握和巩固本单元的阅读训练重点。由于文字的描述是抽象的，加之三年级学生的抽象思维能力和空间想象能力还不是很强，所以要学生通过阅读课文明确建筑物之间的空间位置关系，是有一定难度的。由此，可以确定本课的难点为：明确建筑物之间的空间位置关系，并能按方位顺序具体介绍天安门广场及其周围的建筑物。

……

教师在本课的说课中，将单元训练的重点作为本课教学的重点，并从学生抽象思维能力和空间想象能力较弱这一特点出发，确定课文中"建筑物之间的位置关系"的认知为本课知识教学的难点，符合儿童认知规律及语文学习的规律，可以说这种定位是比较准确的。

（五）说清课标的要求

《语文课程标准》是小学语文教学培养目标制定的依据，也是教师解读、处理教材的依据。说课中结合所确定的教学重点及对教材特点的解读，依据《语文课程标准》对学段在识字或者阅读、写作等某一方面的具体要求，阐明将如何处理教材和落实教学，既能较便捷地实现教材处理的理论阐述，又能较好地获得听说者的认同，同时也为制定教学目标、设计教学步骤、提出教学策略作好技术铺垫。

节选《我家门前的海》说课稿如下：

《我家门前的海》是语文出版社S版语文第九册第二单元"人与自然"中的第5篇文章。这篇课文是一篇优美的散文，作者用清新流畅的笔触，分三个版块介绍了渔家孩子门前的海，文章语言平和，意境深远，很容易引起学生的学习兴趣，使学生感受到作者对大海的深切的喜爱。

一、说教学目标

《语文课程标准》指出："阅读教学是学生、教师、文本之间对话的过程，各个学段都要重视朗读和默读。语文教学要注重语言的积累、感悟和运用，注意基本技能的训练，给学生打下扎实的语文基础。"结合课标对第三学段的要求："联系上下文和自己的积累，推想课文中有关词句的意思，体会其表达效果，在阅读中领悟作者的表达方法。"在对教材仔细分析解读的基础上，根据课文的特点，以及我班学生活泼开朗，乐于学习语文，善于将自己的所知所感说出来的特点，特制定以下教学目标：

知识与能力目标：引导学生默读课文，了解"我家门前的海"是什么样子的，认识7个生字，能正确、流利、有感情地朗读课文。

过程与方法目标：抓住重点词、句、段，引导学生读懂课文内容。

情感态度与价值观目标：感受文章的优美及作者奇特的想象，体会作者对海的热爱。

……

从说课稿中看,教师结合"说教材"对教学内容的理解,从《语文课程标准》出发制定教学目标。说课稿针对课文"意境深远"的写作特点,遵循课标"推想词句意思,体会表达效果,领悟表达方法"的教学要求,联系学生"活泼开朗"等特点制定教学目标。既符合教材的特点,又遵循了课标的具体要求,应该说这是比较理想的一种出发点。

(六)说清学情的分析

教材和学生是教学的两个不同源头,将教材解读与学情分析结合起来,有利于在深入解读的基础上,有针对性地把握教材、处理教学内容。学情分析得越具体,对教材的处理就越有利,对教学的设计就越有针对性。

节选《纸奶奶的生日》说课稿如下:

一、说教材

1. 教材简析

《纸奶奶的生日》是人教版九年义务教育五年制小学语文教材第五册第35课的内容。它是一篇独立阅读课文,以科学童话的形式介绍了各种纸的性质、作用,使学生初步了解纸的发展变化,体会到科学的发展与社会的进步,本文最大的特点是融科学性较强的知识于童话故事之中,深入浅出,生动有趣,符合儿童的口味。

2. 学情分析

三年级的孩子善于表现、乐于合作、敢于想象,极富趣味色彩的科学知识又会引起学生浓厚的学习兴趣,印上文字可以当报纸看,折叠起来可以当千层饼吃似乎有些离奇;而纸做的杯子居然能够烧水做饭,似乎令人难以想象,这些事实中的疑惑,自然会驱使孩子们主动研究、探索。此时我设计把自由的时空还给学生,让学生亲手实验,读中理解,合作探究,网上查询,全新的学习环境和学习方式,自然会使学生在建构知识的过程中获得积极的情感体验。

……

教师侧重通过学生的年龄特点对学情进行分析,从教材的体裁特点引入三年级学生乐于表现、乐于合作、敢于想象等年龄特点,预设教学,可以说合情合理、有理有据。

(七)明确教学的目标

一个明确的教学目标既是教学效果达成的目标,也是评判教学效果的指标。小学语文教学"知识与能力、过程与方法、情感态度价值观"三维目标的内容不论以何种方式表达,必须做到准确、明确、具体、可达成。说课时,必须结合课标要求、教材特点、学生实际及课时类型严谨地阐述教学目标,做到言之有据、言之有理。

节选《挑山工》说课稿如下:

一、说教材

《挑山工》是九年义务教育小学语文第十册第四单元的一篇课文。第四单元的阅读训练重点是联系上下文理解含义深刻的句子。课文通过挑山工登山,虽然身担重物、走的路程比游人多一倍,但速度并不比游人慢,揭示了一个意味深长的哲理:无论干什么事情都要一心向着目标,步步踩实,坚持不懈地往前走的,就能达到目的的一种精神。

根据教材特点和学生实际确定本课的教学目标是:

1. 学会课文中的 8 个生字及 13 个新词语,重点理解"拘束、哲理、包蕴"等词的意思。

2. 联系上下文和生活实际,体会课文中含义深刻的词语。

3. 细读课文,知道"我"登泰山时的"不解之谜"是怎样产生的,能用自己的话说说挑山工是怎样挑货上山的。懂得干什么事都要一心向着目标，步步踩实，一个劲儿往前走，感受挑山工不断攀登的精神。

4. 有感情地朗读课文。

……

节选《学弈》说课稿如下：

一、说教材

（一）教材及学情分析

《学弈》通过弈秋教两个人学下围棋的事，说明了学习必须专心致志，决不可三心二意的道理。

这篇课文是小学语文第九册第八组的一篇讲读课文，也是小学生接触的第一篇文言文，安排文言文的目的，是让学生感受一下文言文的语言，了解祖国悠久灿烂的文化，进一步培育热爱祖国语言文字的思想感情，并为初中学习文言文打点基础。由于文言文与现代文相比，在词语、句式等方面差别较大，再加上学生又是第一次接触，因此，我把指导朗读和背诵作为本课教学的难点，把理解每句话的意思作为教学的难点来突破。

（二）教学目标

1. 知识目标

（1）掌握生字，正确读写：弈秋、教诲、俱学、弗若、曰、矣。

（2）正确、流利地朗读课文，背诵课文。

（3）根据课后注释疏通全文，了解故事内容。

2. 能力目标

学习用对比法进行讨论，从课文中体会到学习必须专心致志、不可三心二意的道理。

3. 情感目标

培养学生正确的学习态度，在诵读品悟课文的过程中逐步形成对祖国语言文字的热爱之情。

……

　　《挑山工》说课稿从"生字新词、句子理解、阅读感悟、诵读巩固"四个方面制定教学目标，这四项内容看似相互割裂，其实各项中均包含了"知识与能力、过程与方法、情感态度价值观"内容，并且有机结合进行了表述。

　　《学弈》说课稿的表述方式则将三者进行分述，也将三维目标表述得相对完整。从两个例子的情况看，目标制定基本切合课文特点，遵循课标要求，切合学生实际，既有学习的空间，也具有相应的可达成性。

二、 怎样解读教材

　　小学语文教材是由一篇篇短小精炼的文章组成的。对文本进行深入浅出的学习、钻研，对教材进行准确并富于个性的解读是教学设计、教学实施成败的关键，也是说课成功的关键。小学语文教学因为知识传授、能力培养、思维训练、情感陶冶等等的不同，在单元教学的设计、教材文本的组合、课文的选择与安排等方面也体现出很大的不同。所以解读小学语文教材应该结合具体的教学要求进行，主要从课文的类型和体裁方面寻找解读的切入口。

　　以课文的类型来说，小学语文教学的教材主要设计为两种类型：一是精读课文，也称一类课文；一是阅读课文，也称二类课文或略读课文。精读课文的教学表现为学生在老师创设的教学情境中，通过教师的引导、示范，学习、掌握文本中的知识，陶冶情感，并从中习得学习方法，形成能力。其特点在于学生在获得知识、体验情感的过程中掌握方法、形成能力。它使得学生通过读懂一篇课文而学会读懂一类课文。阅读课文的教学主要表现为学生应用在精读课文的学习过程中掌握的学习方法自主学习课文。其特点在于学生的学习自主性表现得更为充分，学生在精读课文中习得的学习方法、平常学到的阅读方法，在这里得到施展，而教师在教学中更多地表现为对整个单元组的教学进行个别"补遗"或有针对性地进行个别指导。就教学而言，两类课文"精读是主体，略读只是补充；但是就效果而言，精读是准备，略读才是应用"（叶圣陶）。两类课文的不同决定了我们必须对教材进行不同的教学解读。

精读课文通常安排两个以上的课时进行教学，所以其对教材解读更需要结合知识、情感、思维等多重因素，从文章的词、句、段及文章句法、修辞表达、写作方法等方面进行深入的挖掘，从中整合出相对集中并更为适合学生学习的教学内容，分课时落实到教学过程之中。各个课时的教学任务、教学重难点各有侧重，各不相同。对教材的解读体现出语文学习的"厚度"，用厚实感来诠释语文学习。而以学生自主检验、尝试学习方式为主的阅读课文的教学通常在一个课时的教学时间内完成，它少了识字、学词、学句等许多头绪，教学目标更为集中，教学重点更为突出，所以教师对教材的解读必须更集中于教学的焦点——侧重于本课学习实践的"块状"，如何让学生在某个板块进行单项的自主练习实践。

教材仅是个例子，教师的教学是用教材教，而不仅仅是教教材。教师在教学中如何把握教材的精读或略读，具体到某篇教材具体采用精读或略读的角色定位进行教学，教师可以有自己的处理意见。如果将精读课文定位为略读课文，则你的教学解读就必须从略读课文的教学要求出发进行教材的处理。略读课文在阅读内容上应"不求甚解"，而在阅读技能的培养上更强调运用。"略"的是教师的教，不能略的是学生的"学"。反之，如果将略读课文处理为精读课文，则你的教学解读就必须从精读课文的教学要求出发进行教材的处理，将课文的精要之处进行个性化的解读并充分丰富其教学的内涵。

以课文的体裁来说，小学语文为了便于小学生的学习，将课文所选文章类型总体上简约地按记叙文、说明文、童话（寓言）、诗歌、文言文的方式进行区分。其中记叙文包含了写人、叙事、散文、小说等类型，说明文则主要为科普说明文。各类体裁的课文因教材特点不同，其教学、训练的重点也各有不同，解读的视角也有不同。

解读小学语文教材通常可以从以下视角展开。

（一）以"对比"的视角进行解读

语文教材的特点之一是信息涵盖广泛，语文学习的各项内容在一篇文章中看似交叉叠加、反反复复、包罗万象，明线、暗线起起伏伏，情感浓淡重叠，学习感悟的内容看上去"模模糊糊一大片"，不好把握。教师对文本进行对比性阅读，以对比的方式进行解读，能够将文章的线索脉络梳理成比较易于把握的叙述和教学展开方式，既易于教学重点的把握，也易于使听者听明白自己的教学主线走向。例如：

《圆明园的毁灭》一课是人教版小学语文第八册第六单元的开篇之作。这篇精读课文描述了圆明园昔日辉煌的景观和惨遭侵略者肆意践踏而毁灭的景象。围绕这一中心，作者着重写了两个方面内容，一是圆明园的宏伟壮观和它所收藏的大量无价之宝，突出了它是"园林艺术的精华，建筑艺术的瑰宝"；二是强盗们肆意毁坏圆明园的罪行，激起了人们对侵略者的无比仇恨。通过美与丑、善与恶的对比，学生潜移默化地体验到了近代史教育和爱国主义教育，更进一步认识到：侵略者之所以胆敢如此为非作歹，是因为清政府的腐败无能，从而激发学生不忘国耻，振兴中华的责任感和使命感。

教师从课文的中心句"园林艺术的精华，建筑艺术的瑰宝"出发，将圆明园的宏伟壮观与被毁灭的景象进行对比，将圆明园的无价之宝与遭到的肆意毁坏行为进行对比，从中提升出"美与丑、善与恶"的阅读感悟效应，为教学铺垫了文本的情感和文化基调，教学主线的展开将更为鲜明和易于把握。

（二）从教材的前后主题联系中进行解读

小学语文教材的编写存在着一个鲜明的特点：教材文本的前后联系非常紧密，一个单元组中的教材通常围绕着一个教育的主题设置。每篇教材的主题虽然各有不同，但是在一个单元组的教材中，一定可以升华出一个相同的主题。找到这个主题在本篇课文中的切入点，本课教材解读的基点也就基本把握住了。例如：

《一路花香》是苏教版四年级上册第四单元的一篇课文。这是一则寓言故事，前两篇是神话故事，苏教版教材的编排特点使本课与前两篇课文，有着很大的不同：一是体裁，本篇文章是寓言；二是主题，前两篇表现的是人们追求美好、向往光明的精神，而后一篇是告诉人们要正确认识自己的价值、树立正确的人生观。以上的不同，造成了解读角度、教学方式的不同。古人说，智者差同，愚者求异。虽然三篇课文有所不同，但中间蕴含的向往美好的精神都是一致的。这也许是把编者他们放在一起的主要原因。《一路花香》这则寓言讲的是两只水罐的故事。一只有裂缝的水罐在完好无损的水罐面前感到惭愧，并向挑水工道歉，挑水工告诉它，正是利用它裂缝漏出的水浇灌了美丽的鲜花，从而揭示世界上任何人、任何东西都具有自身的价值，要学会正确认识自己和别人，物尽其用，人尽其才，进而迎来"一路花香"的美好人生的寓意。依课后安排的训练，本课的训练重点是：把握文章的主要内容，体会文章表达的思想感情。

教师以寓意揭示作为解读的切入点，抓住寓言的寓意深刻而语言浅白的特点，联系前两篇教材的主题，将价值观的解读与揭示从故事中的"向挑水工道歉"这个细节中引出，使得教材的解读与教学实施得以紧密联系起来。

（三）从关键词的品味中进行解读

语文教学必须注重对文章语言的揣摩和感悟。特级教师于永正老师说过："语文教学的亮点在哪里？语文的味道在哪里？在关键的词句里，在理解后的朗读里。"对课文中的关键词、难懂词语更应该不惜时间，深入理解。小学语文课文中的一些关键字词为文章的点题之处，也称"题眼"。它们或者平居于文章的重点句段之中，或者处于文章的标题之中，抓住它们后进行一番深入解读，不仅文章的内涵可以得到较好的升华，而且教学的主线也就抓住了，教学的重难点通常也可以得到较好解决。例如：

《我不是最弱小的》是人教版二年级下册的一篇略读课文。这篇课文的课题是主人公萨沙想说的一句话，同时也是激励每个孩子挺起腰板自豪地说出的一句话。这句话是文章的题眼，课文所要叙述的故事就落脚在这句话上：我不是最弱小的，因为我可以帮助需要帮助的人和物。课题中"弱小"一词的理解既是本课的重点也是难点。将生活中的"弱小"与文本的"弱小"相互对比、联系，为学生初步了解"弱小"的相对性和正确对待"弱小"提供了较好的基础，有利于引导学生自信地学习、生活。

教师从题目中抓住题眼，也是课文的关键词"弱小"进行教学解读，既有利于对文本进行有效地理解和语言、思维的拓展，也能够较好地将教学落实到对重点词句的理解、品读上。它将那些在文章中并不显眼，但内涵丰富的关键词展现于读者的面前，引起读者的丰富联想、想象，充实阅读的过程，使得阅读的信息量、活动量陡然剧增。在写人记事的文章中，这种解读方式极为常见，这种解读方式是小学语文教材解读最常用的方法之一。

（四）从提炼关键词中进行解读

有时，教材文本并不直接体现出关键词，而需要教师以提炼的方式将课文的线索通过几个关键词语进行表现。提炼是去粗取精，去伪存真，它往往是文本解读的关键所在。我们在阅读教学时，可以用提炼关键词的方法来解读课文，以此来设置问题，创设教学情境，培养学生解读文本的能力，提高学生的阅读分析能力。例如：

人教版小学语文五年级上册的《记金华的双龙洞》是我国著名作家、教育家叶圣陶写的一篇游记。课文按游览的顺序记叙了作者游览金华双龙洞的经过，表达了作者对祖国山川景物的热爱。课文是按游览的顺序写的，依次写了"路上——→洞口——→外洞——→空隙——→内洞——→出洞"六部分内容。

本文教学的重点，是通过学习课文了解金华双龙洞的特点，知道作者是怎样按游览顺序有条理地记叙双龙洞的，并能说出其主要内容。

教师将课文中的"路上——→洞口——→外洞——→空隙——→内洞——→出洞"等游览位置的关键词语提炼出来，形成课文的主要线索，将文本的内容附着于这个脉络进行解读，能够很好地集中力量解决教学中的主要问题，及时引导学生品读、感悟、体验、梳理。这种解读方式在游记类课文中较常见。

（五）从重点句的体悟中进行解读

语文课文中的重点句，就是作者藏文章灵魂之处所。这类句子表达了作者深刻的思想或者浓厚的情感，对其进行品读可以触摸作者的心灵，触发学生阅读、感悟的兴趣。这类句子或者以修辞等方式体现，或者以普通的陈述句式体现。抓住了这类句子，就意味着踏上了通向作者的心灵之途，也抓住了文章的灵魂，抓住了教学的主线，对于教学的实施无异于"牵一发而动全身"。例如：

在《巨人的花园》一文中，重点句子有两处：一是"小男孩没有拔腿逃跑，却用他那会说话的眼睛凝视着巨人。"小男孩在文中是一个奇异的人物——他一伸手，桃树马上绽出绿芽，开出美丽的花朵。是他使巨人幡然醒悟，他用眼睛专注地看着巨人，仿佛在跟巨人说着什么，孩子用他那双会说话的眼睛，给巨人带来了怎样的震撼？巨人从小男孩的眼里读懂了什么？课文中没有写出来，给我们留下了无限的想象空间。但从后来巨人的变化，我们可以体会到，巨人从小男孩的眼里，读出了温情，读出了爱。二为"唤来寒冬的，是我那颗任性、冷酷的心啊！""任性"是指放任自己、不加约束；"冷酷"是指待人冷淡苛刻。这是巨人醒悟后说的一句话,他明白了春天不到花园里来的原因:是因为自己太任性了——一次次赶走孩子们;是因为自己太冷酷了——一次次训斥孩子们。他想自己独享花园里的一切,结果得到的却是寒冷和荒凉。这句话是帮助学生体会童话所揭示道理的一个关键性语句。

教师抓住课文中的重点句子"小男孩没有拔腿逃跑,却用他那会说话的眼睛凝视着巨人。"和"唤来寒冬的,是我那颗任性、冷酷的心啊!"进行重点解读,营造出巨大的想象空间,将"巨人"的内心世界怎样从"冷酷"中走向"温情"解读于世,为将文字还原出人物鲜活的性格特征奠定了基础。同时用重点句贯穿全课的学习、感悟,学生能够更深刻地领会"和大家一起分享的快乐才是真正的快乐"一句的含义。

(六)从文章的结构特征处进行解读

小学语文课文许多科普类课文的生活性、时代性感很强,这类课文逻辑结构严谨、内容条理清晰,解读这类课文,可以从单元中各篇课文间的内在联系入手,也可以从课文自身逻辑结构严谨这一特征入手解读课文。通过解读文章内容的逻辑关系,抓住课文学习的重点,理清教学的脉络,使学生学习的过程条例清晰。例如:

《只有一个地球》是人教版第十一册第三组的一篇科学知识说明文。课文从地球"美丽又渺小"、"资源有限"、"不能移居"三个方面介绍了地球的有关知识,阐明了地球对于人类生存的重要性和唯一性,它通过情感的渲染,说明了保护地球生态环境的意义。教育人们要精心保护我们人类赖以生存的、这唯一的美丽星球。朴实的语言、流畅的行文、严谨的结构、清楚的条理、饱含着深情,是这篇文章的特点。在文字表达方面,课文十分注意用词的准确,说明方法的恰当,行文的严谨。文章的字里行间除了表达出了作者对地球的热爱之情,还洋溢着号召人们保护地球的热情。……

教师抓住地球"美丽又渺小"、"资源有限"、"不能移居"三方面与人类生活的逻辑联系，让地球在读者眼中从"可爱、美丽"走向"珍贵"，让人割舍不下，将情感从母子亲情带向理性爱护。具有自己的独特思考。

（七）从文章的写作方法进行解读

循着文章的写作方法解读课文有利于通过作者的写作思路把握作者的思想情感。例如：

通过《詹天佑》一课的教学，使学生懂得课文是怎样一层一层表达中心思想的，顺着作者的思路深入理解课文，进一步揣摩作者的写作意图，体会作者的思想感情。

……

课文按先概括介绍，再具体叙述的方法安排材料。在具体叙述的段落里，又是按照事情发展的顺序进行记叙的。

《詹天佑》是一篇篇幅较长的课文。如何快速把握课文要点，是小学生学习长课文的难点之一。教师通过"课文按先概括介绍，再具体叙述的方法"进行整体解读，将引导学生懂得作者"怎样一层一层表达中心思想，顺着作者的思路深入理解课文，进一步揣摩作者的写作意图，体会作者的思想感情"作为教学切入点，使学生能在短时间内有效把握人物特点，并以此为线索组织起有效教学。

（八）从文章的写作特色进行解读

一篇富于写作特色的文章，其写作特点无疑就是解读的首要内容。通过对写作特色的解读，可以深刻地体会作者的构思及其表达的情感内涵。从而展现出课文独特的写作魅力，增强阅读引力。

三、怎样分析学情

教学是一个过程。教材决定了"教什么"的问题，学生决定了"怎么学"和"学到什么"的问题。要达到预想的教学目的，对于教材和学生这两个不同的源头的解读和分析同等重要。只有将教材的解读与学情的分析有机结合起来，才能在教学的过程中有效达成教学的设想。学情分析的出发点：

（一）从学生的年龄特点出发进行分析

不同年龄段的学生，其知识积累、能力水平、情感体验、学习经验差距较大。低年级学生听话、好学，但是学习时有意注意的时间较短、思维方式侧重于直观形象思维，所以教学中如何及时变换多种直观形象的教学方式引导、调节学生的学习，是教学预设时学情分析的重要内容。中年级学生有意注意的时间略有延长，知识学习、情感体验、学习方法略有积累，但是正处于"好动难管"的年龄阶段，同时既有在低段的学习过程中产生的知识、能力学习中的缺陷，又有与今后高年级学习活动相衔接的问题，所以在学情分析中既有教学方式的变换思考，又有低段知识、能力学习补缺补漏和高段知识、能力学习衔接点铺垫的思考。高年级学生通过四年多的学习活动，在知识、能力、学习态度、学习方式等方面相对成熟，教师的教学更加侧重于指导学生自我学习能力的形成，所以学情分析既有中年级学情分析的特点，更有指导、强化学生自如运用学法，提升学习能力，形成学习习惯的特点。

（二）从知识、能力的层级要求出发进行分析

小学语文不同学段的学习重点不同，知识教学、能力培养的要求目标差

距较大。分析学情要紧紧抓住学段知识、能力教学的基本要求,以课标为学情分析的标准,衡量学生的学习基础,进行知识、能力方面的基本分析。低年级语文的学习重点在"识字写字",所以有关识字、写字的各项教学要求是低年级教学的重点,必须把有关知识能力方面的学情分析重点放在这里。中年级的教学是初步学习阅读,对学生的分析应体现"初步"的要求。高年级的教学要求是较为深入地学习,能描述自己印象最深的场景、人物、细节,懂得在阅读中揣摩文章的表达方式,体会作者的思想感情等,有自己的阅读感悟。

(三) 从课文的学习难度出发进行学情分析

由于小学语文教学各阶段学习、训练的要求不同,语文课文的选择安排也有较大的不同。有的课文与学生的年龄特点、知识能力水平、生活习惯较为切合,或者课文内容、体裁吸引学生,对学生而言学习的难度不大。有的课文或者由于体裁不同,或者由于语言的表述方式不同,或者由于与学生的生活实际、学习水平相距较大等等,造成学生对课文的学习难度较大。因此学情分析要充分考虑到课文的学习难度,进行有针对性的分析,提出解决办法。

(四) 从学生的学习实际出发进行学情分析

学情分析最终的落脚点在学生现有的学习实际。就语文学习来说,班级学生的字词掌握、句段理解、篇章阅读、文章感悟、写作方法认识、观察能力、思维水平、学习思维习惯、学习方法等处于一种怎样的状况,教师应有一个准确的把握,并针对相关教学的需要进行一番具体的、有针对性的分析。例如:

《鲸》的文字浅显,条理清晰,融知识性与趣味性于一体,学生乐读易懂。除鲸的进化过程这一内容在理解上有一定的难度外，其他内容均可在反复朗读中充分理解。但根据以往学习说明性文章的经验来看，学生只对被说明的事物本身感兴趣，他们对文章的阅读，对知识的理解往往停留在"课文介绍了什么"的层面上，而忽视"课文是怎样介绍的"，即表达方法的探究，缺少自觉探究的意识和欲望。那么，创设情境，激发学生自主阅读的兴趣，唤醒学生探究，是本文教学考虑的问题。对于文章中运用的多种说明方法，学生虽已在《新型玻璃》、《太阳》等说明性文章的学习中有所了解，但能真正体会文章的说明方法并运用到自己的习作实践中，还是比较困难的。

教师对《鲸》的学情分析，从课程标准的要求、学生单元组学习状况、学习科普类课文的实际和小学语文教学中"表达方法的学习"、"自觉探究意识"的缺失等方面进行具体分析，使得语文教学针对学生的学习发展目标体现的较为具体、有针对性，为实现有效教学、高效教学奠定了基础。

学情分析是教学预设的一个重点内容，不是可有可无的东西。分析得越具体，就越有针对性，所以在进行学情分析时，要注意几点：

第一，要联系学生的年龄特点。离开学生年龄特点的分析会使教学"吃力不讨好"。

第二，要服从课标的阶段要求。课标的要求是教学的基准坐标，偏离课标的分析将使教学"误打误撞"。

第三，要有心理学、教育学方面的理论。没有理论支撑的分析，教学就像"风中的芦苇"，终长不成大树。

第四，理论解析要具体、有针对性。理论的运用如果没有针对性，解析不具体，就成了一堆空洞堆砌的"废砖头"。

第五，学情分析不必面面俱到，但是必须具体分析某个要点才能使得教学有针对性。

四、怎样制订教学目标

教学目标是教学活动的目的指向。就语文教学的总目标而言，应体现出"知识与能力、过程与方法、情感态度价值观"三维目标的内容。就具体的教学而言，一个准确、明确、具体的教学目标是小学语文教学活动实现教学效果的保证。

所谓准确，就是要求：符合课标要求，体现课程特点，适应学生实际。

所谓明确、具体，就是要求：针对性强、可操作、可达成。

遵循"三维目标"制订教学目标，要注意几个意识：

第一，"整体"意识。教学目标的制订，既要以从课文的实际出发制订切合本课的教学目标，同时该目标还应该是为落实单元教学主题这个重要任务服务的，有时甚至还必须遵循全册的教学体系进行目标的制订。所以教学目标的设计必须具有"整体"意识。

第二，"联系"意识。我们教学的具体课文来自于某册教材，它是全册教材知识、能力体系中的某一环。我们在制订教学目标的时候，必须明确在"这一环"中，知识与能力等的主要矛盾是什么；它和全册教材中知识、能力、情感等的前后联系点、关键点在哪里。抓住这个联系点、关键点，我们的教学目标就能定得更准确，教学就能够更顺当、更有成效。

第三，"课标"意识。课标是教学的"宪法"，一切教学过程都必须遵循课标的规定。语文教学存在"少、慢、差、费""高耗低效"等现象，和语文教学目标制订偏离课标要求，尤其学段教学目标有着密切关联。低年级教学目标按高年级教学标准制订、高年级教学目标按中年级教学标准制订的现象比比皆是，最终使得各个学段的教学都无法完成各自的教学任务。

第四，"学生"意识。教学是师生双方的学习互动过程，学生既是教学过程中主要的矛盾一方，也是教学的最终目标。所以，每一项教学目标的制订都必须在强烈的"学生"意识主导下进行。既充分利用学生原有知识、能力的基础，发挥学习作用，又激发学生主动学习的积极性，促进学生更为自主、有效地学习与发展。

第五，"活动"意识。教学的过程是活动的过程，学生的学习活动是教学的主要方式。教学目标的达成应该在活动的过程中实现，所以教学目标的制订，应考虑学习的目标如何有利于使学生在活动的方式中动态地生成知识，形成能力，而不是静态地获得知识。

第六，"渐进"意识。"罗马不是一天建成的"，同理，学生的知识积累、学习能力、学习方法、学习习惯也不是在一堂课中长成的。教学是一个学生智能循序渐进、学力螺旋上升的过程，教学目标的制订也要体现这种层次渐进的过程。

第七，"语文"意识。小学语文教学，是使得学生学会运用语文，并在学习语文的过程中发展思维，熏陶情感，积淀人文素养。这些任务主要在对课文的词句学习过程中展开。可以说小学阶段的词语、句子教学贯穿整个小学语文学习的始终。对课文的品悟阅读、学词悟句、积累语言是整个小学阶段阅读教学的重点。教学目标的制订需紧紧扣住这个核心进行。例如：

《坐井观天》是九年义务教育六年制小学语文第三册第四单元的一篇寓言。课文讲的是井底的青蛙和飞翔的小鸟争论天的大小，告诉我们不应该像青蛙那样目光狭小、自以为是。《坐井观天》上承《捞月亮》、《狐狸和乌鸦》，下跟《小马过河》，是本单元四篇课文中的第三篇，它处于从知识学习向知识运用过渡的位置。

根据《语文课程标准》"感受阅读的乐趣；学习用普通话正确、流利、有感情地朗读课文；结合上下文和生活实际了解课文中词句的意思，在阅读中积累词语；阅读浅近的童话、寓言、故事，向往美好的情境，关心自然和生命，对感兴趣的人物和事件有自己的感受和想法"等要求，结合教材特点和学生已经精学了《捞月亮》、《狐狸和乌鸦》的实际，我拟定以下教学目标：

1. 学会 7 个生字和由这些生字组成的词语，着重理解"坐井观天"、"大话"、"无边无际"等词的意思。

2. 理解课文内容。懂得"坐井观天"这个成语的比喻意思。
3. 通过学生合作朗读，达到正确、流利、有感情地朗读课文的目的。

从上面的例子，我们可以看出教师制订的教学目标，不但符合三维目标的要求，同时体现了教学目标"从对语文的学习时间中制订""从对教材的解读中制订""从对课标的落实中制订""从对学生的学力分析中制订""从对教学过程的落实中制订"等特点。教学目标整体感强，知识、能力、过程方法、情感态度的体现有依据，有上下、前后之间的联系。

五、 怎样确定教学重难点

知识的学习过程，是一个学习重点和学习方法不断被学生掌握的过程，也是学习难点不断被突破的过程。在语文教学中，教学重点的确认和解决是首位的问题。但教学重点与学习难点密切相关，如何准确确定教学重点难点，正确处理教学重点与难点，是实现有效教学、高效教学的前提，也是当前语文教学中必须着力解决的问题。

教学的重点，是针对教材而言的。它是指教学中最重要、最基本、最核心的知识和技能，是普遍性问题，具有相对稳定性。如每个学段的基础知识、基本能力、思维方法等，我们可以根据教材本身和作者的编写意图来确定教学重点。除非教师教学个性或者研究任务的需要，否则，不论学生群体或个体如何，它通常不会随着教学对象的变化而转移。

教学的难点，是针对学生而言的。它是指学生难理解、难掌握、容易错，教师较难进行教学处理的内容。比如教材中比较抽象、含义深刻、需要用直观、媒体等方法帮助认识、帮助感悟和学习的内容。它的产生通常与学生缺乏知识经验基础、抽象思维较弱、操作能力不强等因素密切相关。在不同的学生群体或者个体中，教学的难点通常不相同，所以在确定教学难点时，体现出较强的个别性。

（一）怎样确定小学语文教学的重点

1. 从课文特色中确定

小学语文教学的重点依"三维目标"的要求，无外乎"字词、句段、篇章、感悟、运用、学法"诸类内容。它或者来源于单元训练的重点主题，或者来源于课文的某种表达方式，或者来源于一类课文的教学安排，或者来源于课文中某种独特的魅力。例如：

《泊船瓜洲》这首诗通过描写诗人王安石泊船于瓜洲，眺望江南时的所见、所思、所感，表达了作者思乡、爱乡和急于返乡的心境。诗句语言凝练，意境优美，同时反映了作者对家乡的深切怀念和热爱，尤其一个"绿"字所包含的迷人意境和万千诗情，令世代文人无不倾倒。由此可见，本文是对学生进行语言文字训练，审美教育和德育教育的良好教材。

鉴于以上的认识，根据教材要求，针对学生的知识水平和心理特点，结合古诗教学的一般规律，我确定教学目标如下：

（1）启发想象，领会意境，进行热爱家乡教育。

（2）动用学习古诗的方法，充分理解诗意，并在此基础上有感情地朗读和背诵全诗。

诗歌"只有入境，才能悟神"。因此，我把想象意境、领会诗情确定为教学的重点，同时也是难点。而指导学生学习古诗，再现诗歌描绘的情境是教学的关键。

2. 从课前预习中确定

小学语文教材在每组课文前都安排了"预习"内容，用作学生正式学习课文前通过自我预习，尝试把握教学主题、初步梳理学习思路。教师在备课中可以用作借鉴，从中寻找或提炼出本课教学的重点。例如：

《可爱的草塘》围绕草塘的"可爱"描写了草塘美丽的景色和丰富的物产，表达了作者对北大荒的赞美之情。本组的训练重点是继续提高阅读速度，体会含义深刻的句子的意思，理解课文内容，体会思想感情，学习一些基本的常用的表达方法。……根据课文"预习"的指导和教材描写优美的特点，我按知识、能力、情感三个方面制订了第二课时如下教学目标：

知识目标：抓住文中含义深刻的句子，体会课文表达的思想感情，理解课文内容；背诵自己喜欢的段落。

能力目标：继续培养学生的速读、有感情地朗读课文的能力。

情感目标：了解北大荒的可爱，培养学生热爱家乡、热爱自然的感情。

教学重点：感受草塘的可爱，体会作者的感情变化。

3. 从课后问题中确定

小学语文的每篇课文之后都设计有一至三个问题，这些问题通常就是教学的关键之处，抓住这些问题组织教学，通常能够将本课教学的重点基本解决。例如：

《田忌赛马》一文写的是古代齐国大将田忌和齐威王赛马转败为胜的故事。田忌与齐威王的第一次比赛，由于齐威王的每一个级别的马都比田忌的强。所以三场比赛下来，田忌都输了。第二次比赛，孙膑为田忌出主意，鼓励田忌同齐威王再次赛马，还是原来的马，只调换了一下出场顺序就转败为胜。从而启发孩子们做事要仔细观察多动脑筋，分析情况，合理使用力量。

……

同时，根据课后的学习问题提示，把"读好人物对话，能有感情地分角色朗读课文"作为本课时的教学重点……

4. 从课文题目中确定

小学语文课文的题目通常便是文章的眼睛，这类课题往往直接揭示了教学的重点。教师抓住课题进行一番解读，往往可以比较便利并且准确地抓住教学的重点。例如：

《全神贯注》是六年制小学语文第八册第七单元的一篇讲读课文。课文讲述这样一个故事：法国著名雕塑家罗丹邀请挚友茨威格参观他的工作室时，对自己的一件杰作感到不满，就全神贯注地修改雕像，差点把茨威格锁在工作室。

课文重点叙述罗丹全神贯注修改雕像的情景，也就是课文的第2、3、4自然段。作者通过对罗丹的语言、动作、神态的描写，把罗丹如痴如醉地工作的状态描述得惟妙惟肖。要学生理解罗丹忘我的工作情景，是教学的难点。全文共分五个自然段，段与段衔接非常紧密、紧紧围绕全神贯注这条主线展开。

本单元的训练重点是段与段之间的联系。所以理解文中描写罗丹全神贯注的句子和弄清段与段之间的联系是学习的重点。

5. 从课文的重点句子中确定。小学语文课文中有些含义深刻或者意境深远的句子本身就是教学的重点，许多教师的教学就是抓住这些句子展开整个教学。学生围绕着这些句子进行课文朗读、词句感悟、想象思维、习作练笔。例如：

《和时间赛跑》是小学语文第七册第一组的一篇精读课文。这篇文章主要讲了两层意思：一是"我"从爸爸的谈话中，从太阳落山、鸟儿的飞行中，明白了为什么要珍惜时间；二是从"我"和时间赛跑的经历中体会到怎样珍惜时间……

在前一课时对课文进行情节梳理和字句学习的基础上，我将本课时教学训练的重点定位在理解文中父亲说的话、有关珍惜时间的谚语和文章最后一段话，明白其中蕴含的道理……

（二）怎样确定小学语文教学的难点

小学语文教学的难点从表现的对象来说，它来源于学生。从表现的出处来说，它可能来源于学习的任何一个角落。从表现的方式来说，它可能受到学习中有关的任何一个项目的制约。同样的内容，对有的班级学习可能不是难点，而对别的班级可能就是一大难点；同样的教法，在有的班级可能取得很好的效果，而在有的班级可能就完全不见成效；如此等等。所以，小学语文教学可以说"重点不常变，难点天天变"。不过就难点出现的概率和频率来说，小学语文教学的难点主要出自于以下方面：

第一，从课文中关键词句的感悟中确定。语文的魅力主要在于作者对所描写的事物费心地进行一番遣词用句，课文中这类妙笔生花的词句中所包含的深刻内涵既有引人入胜的妙处，又是学生学习的关键，往往成为学生感悟内涵、理解内容的拦路虎。如人物的刻画、事件的描述、情感的宣泄、想象的展开、哲理的寄寓……如何引导学生读懂、体会，并悟出其中的妙处，是语文学习中最常见的难点。

第二，从课后问题的理解中确定。课文后的问题常常是教学的重点问题，也常常是教学的难点问题，所以教材编者需要将难点体现于课文之后，促使教学双方研究，并在教学过程中解决。

第三，从单元的教学主题中提炼。小学语文单元课文的是围绕一个主题组成的，但单元中每篇课文的内容与教师、学生的学习生活实际未必总相适宜，有的甚至与教师的素养、学生的生活相距甚远，这时就容易产生教学的难点。

第四，从学生既往的学习错误中确定。心理学证明，学生的学习受当时学习情况及先天素质、行为习惯的影响极大，通常情况下，大多数小学生对先前所学知识的回生较为明显。在历经一段时间后，重新学习既往已学知识时，知识回生现象极容易使得学生对新学的内容产生与先前所学混淆的现象。这是教学的难点，假如教师预设不足的话，教这种难点比教新知识更困难。

第五，从课文的抽象描述之中确定。小学生的思维特点是形象思维能力较强，而抽象思维有待教师培养。所以课文中的任何抽象描述之处，一般而言都是小学生学习的难点，比如对关键词语的品悟，对重点句群的逻辑梳理，对含义深刻句子的感悟，对方位描述的理解等等。

第六，从指导学习方法中确定。语文学习很重要的一项内容就是掌握学法、习得能力，这其中的读书、品悟、练习、观察、思维、想象等方法指导，也是教学难点之处。

第七，从教学重点中确定。有的教学内容是教学重点但不一定形成学习难点，有的内容确实是学习难点但不一定是教学重点。不过小学语文教学中有不少内容既是教学难点，也是教学重点。在一般情况下，需要用练习的方式进行巩固的重点，必定是教学的难点。

第八，从情感态度价值观的思考中确定。小学语文一个极重要的任务是培养学生的现代人文素养。每一篇语文课文都饱含着作者情感，这种情感表达了作者对生活、对社会的态度和所作的价值评价。教师往往受限于既往教育的影响，常做出的是极为局限性、脸谱化、肤浅的解读。感受文章的情感态度较易，而在此基础上找到与之相适应的更高层次的现代人文价值评判难，这是目前小学语文教学最大的难点。

突破这些难点，需要针对训练重点，注意体裁特点，落实课后习题，加强品读感悟，整合学习内容，拓展学习空间，缩短时代局限等不同情况进行区别处理。

第五章　小学语文说课怎样说教法

所谓教学方法，就是教师为了完成一定的教学任务，在教学过程中所采用的手段。它既包括教师教的方法，也包括在教师的指导下学生学的方法。在小学语文教学中，读，是基本的教法，在这个基础上，教师们摸索出了许多新教法。这些教法在教学中如何选择，是教学设计的基本问题。所以，在小学语文说课活动中，说教法，实际上就是说教法的选择。

说教法，既要将教学过程中采用的教学方法和教学手段加以说明，又要将采用的理论依据阐述清楚；既说明教学中主要的教学方法，又说清解决重点、突破难点具体将采用什么方法以及采用的理由。

俗话说：教无定法，但教有规律。语文教学的任何一种方法都有优缺点，不存在绝对好的方法或者绝对不好的方法，教学方法的选择与组合是否优化，取决于教师对教材和学生特点的把握。教师在众多教学方法中作出选择的依据是什么？这些教法对自己的教学设计来说是否是最好的？它们如何将教材、学生、教学目标这些教学的要素有机地结合在一起？这需要教师在整个教学设计中，根据具体的教学目的、教学任务、课文特点与学生的学情实际和教师的素质特色，从理论的高度进行综合分析，将多种教学法主次分明地结合起来，创造性地加以运用，才能达到实现高效教学的目的。

一、"说教法" 的要点

说教法的关键在于：说出"用什么方法、怎样教？"和"为什么用这个方法、这样教?"的理由。无论选择何种教法，都必须结合学校条件、教材特点、学情实际、教师特长而定，注重实效，体现"具有启发性"、"突出主体性"、"注重思维性"等。

说清小学语文教法，要注意几个要点：

第一，要说出本篇课文所采用的最基本或最主要的教法是什么，采用这种教法所依据的教学原理或原则是什么。以《可爱的草塘》说课稿（节选）为例：

针对课文"美景"、"美文"的特点，为了达成上述的教学目标，根据新课标精神和课文特点，从美学理论出发，遵循阅读规律和儿童的认知规律，本课选择的基本教法是"图文结合法"，在教学的以下四个环节中引导学生赏美、悟美、品美、怡美，在感受美的过程中进行语言的熏陶，情感的陶冶，体会作者表达美的方法：

1. 复习旧课，选择喜欢的"旅行方式"重旅草塘。
2. 以边看边读的"旅游"形式，充满激情地欣赏优美景色。
3. 以自读自悟的学习方式，紧扣俗语去感受丰富物产。
4. 用最喜欢的形式畅谈"旅行"感受，愉快结束"草塘之旅"。

《可爱的草塘》围绕草塘的"可爱"描写了草塘美丽的景色和丰富的物产，表达了作者对北大荒的赞美之情。本组的训练重点是继续提高阅读速度，体会含义深刻的句子的意思，理解课文内容，体会思想感情，学习一些基本的常用的表达方法。教师在进行教法选择和教学的设计时抓住了课文的这些特点进行安排，使得学生的学习能够在一种感受美、体悟美的心境中进行，教学的怡情效果较好。

第二，要说出本课时所选择的几种主要的教法和运用环节，以及组合运用这些教法将达到的预设目标及其依据。以《坐井观天》说课稿（节选）为例：

1. "联系插图，理解生字"。小学低年级学生的形象思维能力较强，教师引导观察，能够较好地解决生字学习过程中理解字义的难点，"看图解义"的方式是理解字义的一种好方法。所以我在本课的教学中通过让学生自读课文，联系上下文猜猜生字的意思。如"观"、"答"、"别"、"弄"等字可用此种方法；再看插图理解，例如"观"（看的意思），图中指谁坐在井底观天？又如"沿"，以通过插图理解"井沿"以达到比较好的效果。

2. "观察插图，理解内容"。让学生自由轻声读课文，想一想：这篇课文主要讲什么？再让学生认真观察两幅插图，说出图意：（1）小鸟站在井沿上，望着井底。（2）小鸟和青蛙在谈话。最后让学生再读课文，思考回答：小鸟和青蛙在说些什么？"观察插图"，在读的基础上，引导学生看图可以加深对课文内容的理解。"再读回答"，这是第二次的读，既理解内容，又能概括主要内容。

教师根据小学生的年龄特点，抓住"课文插图"这个特点，来解决低年级学生理解字义的问题，从而达到巩固生字学习、初步理解课文内容的学习效果。教法的解说和教学的环节结合紧密，能够较好地体现教学的效果。

第三，要重点说清运用何种方法解决重点、化解难点。以《地球爷爷的手》说课稿（节选）为例：

1. 故事引入。兴趣是儿童最好的老师。从儿童喜爱的故事入手，突出地球爷爷"手"的与众不同，唤起儿童探究的欲望。开课前的故事引入使学生积极投入学习之中。

2. 媒体应用。教学"熟桃子自己落地"的故事时借助多媒体网络教学，再现生动形象的画面了解"地心引力"，达到突破教学重难点的目的，同时在教学中培养学生的阅读与语言能力。其次在教学中充分运用网络媒体手段，开展情趣教学法。如：课文动画朗读导入，小猴摘桃识字游戏，地球知识展示等。让学生在寓教于乐的过程中学习。

《地球爷爷的手》是小学语文一年级下册的一篇童话故事，其教学重点是识字与朗读，难点是了解"地心引力"这一科学常识。教师在教法设计中选择故事吸引学生学习，采用多媒体演示突破教学难点，适应了一年级学生的年龄实际，为有效地引导学生学习奠定了基础。

第四，要体现语文课程的特点，让学生在读书、品悟、想象、怡情、拓展、探究的过程中学习。以《学弈》说课稿（节选）为例：

"读式教学模式"的核心是"读"，这与本课教学重点不谋而合。因此本课教学主要采取"读式教学法"。该方法的基本程序是"导语激趣——讲究激励性""初读寻疑——提倡自主性""再读释疑——倡导探究性""细读解析——主张创造性""精读入情——讲究情境性""赏读品味——提倡鉴赏性""熟读成诵——主张积累性"。这种方法的功能是既能使学生积极主动地"自能读书"，又能激励兴趣、情感、意志、动机等非智力因素，全面提高心理素质，促进学生对文言文的学习兴趣。与此同时，游戏激趣法、创设情境法也是本课教学中两种非常重要的方法，它促进了"读式教学法"的读，拓展了学生思维，培养了学生的创新精神。

《学弈》是选自《孟子·告子》的一则文言文。文言文具有很浓重古典语文味的地方就在于它的学习特色，主要为"读"。教师在设计该课的教法时，紧紧抓住"读"字，从"读式教学模式"的介绍，到在教学各环节中的作用进行了具体的说明，较好地体现了语文课程学习读书、品悟、想象、怡情、拓展、探究的主要特点。

第五，要说明教师的教法与学生应采用的学法之间的联系。以《全神贯注》说课稿（节选）为例：

根据教学目的2、3两项，结合学生的实际，我采用"质疑问难——想象叙述——感情朗读"的方法进行教学。

课文第2自然段叙述"罗丹一会儿上前，一会儿后退，嘴里叽里咕噜的，好像跟谁在说悄悄话；忽然眼睛闪着异样的光，似乎在跟谁激烈地争吵。……"这些语言、动作、神态反映他全神贯注地工作情景。对于10岁左右的孩子来说，要理解这些内容，体会这种意境是有一定难度。单凭教师的讲解，采用硬灌的方法，效果一定不佳。我让学生针对罗丹的每一种表现大胆质疑，提出自己不懂的问题，然后逐个解决问题。把难点划分为许多小问题，减缓教学的坡度。接着让学生看幻灯片，用自己的语言把幻灯片的内容叙述出来。最后再由教师引读文中的句子，弄清作者是怎样描写的。对于第1、3、4自然段中的对话，主要采用感情朗读的方法体会人物的情感，从而理解这些重点词句。

为什么要采用这样的方法呢？因为"学源于思，思源于疑"。教学中的问题由学生提出和由教师提出效果大不一样。由学生提出能消除学习上的依赖心理，发挥学生的主体作用。让学生看图说话，是培养想象力和语言表达力的有效方法。语文教学的目的，不仅是学懂课文，更重要的是培养能力，发展智力。让学生在理解罗丹全神贯注工作的每一个表现的基础上，用自己的话把罗丹忘我工作的情景叙述出来，既是对前一教学环节的检查，又是对学生想象力和口头表达力的锻炼，是教学过程的升华。

教师通过分解难点的教学过程，将自己的教法设计与学生的学法实践紧密结合起来，既有效地化解了学习的难度，又将学生的学习积极性充分调动起来，进行了语言实践。

二、小学语文"说教法"的内容要点

在小学语文说课中说教法时应注意以下几点：

第一，要重视体现直观性、情境性。小学生的思维特点是形象思维，小学语文学习是引导学生阅读，使得学生从阅读文字走向形象思维，在识得文字的基础上走进文字所描绘的情境，从而受到文字的感染和情感熏陶，获得文字给予的人文力量。这与小学生的思维特点有一定的差距，所以选择教法、说教法时应重视从教法的直观性、情境性着眼，才能同学生实际贴得更近，与课程特色更加融合。

第二，要注意教法的探索性、自主性、示范性、巩固性。小学生活泼好动、兴趣广泛、好于表现、有意识记弱等性格特征决定了其学习的过程，应是教师引导探索，教师指导自主学习的过程。同时由于其年龄特征决定了其学习的不确定性，决定了其学习过程中不可或缺地需要教师或同伴的示范过程和必需的巩固过程。所以在选择教法、说教法时应注意教法的探索性、自主性、示范性、巩固性的有机联系和合理转换，才能使得学生的学习体现出更加科学的效果。

第三，要注意教法的针对性、生成性、工具性。小学语文具有工具性的属性，学生要在语文学习的过程中学会学习、生活、交际。所以选择教法、说教法时应注意针对知识学习、技能训练、思维训练的要点、难点，使得学生在学习的过程中牢固掌握基本的知识和技能。

第四，要注意教法的人文性、多样性。小学语文具有人文性的属性，学生学习语文的过程也是陶冶情感、积淀人文素养的过程，这种素养对于人的一生具有巨大的影响作用，所以在选择教法、说教法时，应牢牢把握人文属性，强调文化的多样性意义，使得学生在语文学习的过程中形成良好的人文素养。

第五，要注意体现教法的主、辅结构。一堂课的教学基调是统一的，所以一堂课中只能以一个主要的、基本的教法贯穿全课。它是基于课程、课文、学情、单元重点、教师素养等特点和教学目标的需要而决定的，是主要的、宏观的教法。所以在说课中要注意讲清它的特点、在教学中的作用，以及在这课教学中采用的理由。一堂课中所采用的其他教法起的是辅助作用，是为了解决重点、突破难点或巩固学习、锻炼技能等具体教学任务而确定的，是微观的教法，它通常在某个特定的环节中体现。所以在说课中要注意讲清它们在具体教学环节中的具体用法和理由。说教法，总体而言，要让人感觉到"这个教法是这堂课中最合适的"、"这堂课重点采用这些教法是合适的"。教法不宜说多，解决问题就好。通常情况而言，主要的教法之下，辅助教法侧重一两个即可。多而杂，反而会冲淡了要说的内容。

第六，要注意说明教法运用环节。采用何种教法、解决什么问题和在何时运用这个方法同等重要。选择教法是和教材、学生、教师的实际及教学的目标和教学的进程紧密结合的，所以在说课中说清有关教法在哪个教学环节中运用，更有利于体现教法的针对性。

三、教法选择的原则

小学生学习语文，既要学习语文的知识，还要形成语文的能力，同时涵养文化素养，积淀人文的底蕴。这些学习目标主要通过教师的示范、指导、引导来实现。小学语文教学，"导"是关键。导学是小学语文教学的主要形式。选择小学语文教法，要重点把握以下原则。

第一，导读原则。学好语文，关键要"读"。小学语文教学的主要方法是导读，通过教师的导读，引导学生集中精力以读书等方式解决教学的重点和难点，以及教学中出现的其他问题，达成教学目标。教师通过导读，指导学生在语文学习的过程中探索渗透语文学习的规律，通过品词析句、强化诵读、练习语感、读中感悟、读中想象等方式，使学生在积淀语文素养的同时，知道语文该怎样学，从中习得语文学习的方法。以《普罗米修斯》说课稿（节选）为例：

1. 导读推进，突破难点

对于认读难点——众神的名字，可采用三轮"开火车"读的形式，先读准字音，接着变换语序读，最后理解名字蕴含着的意义后再读。在引领学生感悟普罗米修斯的坚定信念时，从谈谈感受、想象画面、换位体验、写话倾诉、诵读诗文等不同形式把学生的理解引向深入，并抓住他说的那句话反复读，从而感受其"为人类造福"的信念和不懈斗争的精神。

2. 对比朗读，培养语感

通过对比朗读，让学生感受到人类从无火到有火的巨大变化，帮助学生认同并真正理解"为人类造福"的内涵。通过重点词品读、想象画面读、师生合作读、配乐诵读、反复诵读普罗米修斯的话……把普罗米修斯精神植入学生的心田。

第二，导思原则。语文学习必须读思结合，在导读的同时引导学生深入思考，通过联想、想象，引导学生进入学习的意境，这是语文教学能否深化的关键。通过读思结合，可以更好地促进对生字的认识、新词的理解、难句的感悟、课文内容的领悟及课文思路的把握，也可以引导、规范学生的思维方法，培养学生良好的思维品质。以《泊船瓜洲》说课稿（节选）为例：

1. 设境想象法

运用画面再现情境，音乐渲染情境，语言描述情境。为学生营造一个良好的氛围。用美的配乐，美的解说，美的画面，充分调动学生的多种感官进行体验，学生在心境愉悦的环境中学习，感受美的熏陶，展开合理想象，从而深刻体会到诗人所描写的意境、表达的情感。

2. 重点字词剖析法

这样设计，意在突出语文学科的特点，进行扎扎实实的语言文字训练，让学生在诗中体会到祖国语言文字的美。同时，抓住重点词句进行挖掘，避免传统教学中存在的无重点、无深度、无层次的串讲串问。加大"学诗"的密度，使学生真正学有所获，学有所得。

第三，导练原则。语文学习是一种知识习得、能力形成的过程，是在实践中体验、感悟形成的。有效的导练可以强化学习的效果，促进学生知识的把握和技能的形成，如生字的识记，词句的理解，词语、句段的积累等都离不开练习。有效的导练过程，也是学生学习以合作的方式操作、实践、发现、验证知识的过程，有利于教学目标的高效达成。以《啄木鸟》说课稿（节选）

为例：

……这节课我将加德纳的多元智能理论运用到教学中去，取长补短，发挥孩子的长处及智力强项，引导学生通过动口说、动手画以及各种形式的读，在说中训练语言，在画中培养创新能力，在读中积累语言、感悟情境，创造一种形、色、声有机结合的教学情景。使学生主动、有效地参与到教学的全过程。

第四，导趣原则。"兴趣是最好的老师"。一堂饶有兴趣的语文课，既能极大地吸引学生在课堂上的注意力，把学生的学习引向学习的重点，把师生的智慧聚焦于学习的难点，使得学生在读书的趣味中习得知识并获得学习的快乐，又能把学生的兴趣引向语文学习，培养学生对语文的兴趣。同时在教学过程中培养学生与他人良好的合作兴趣、思考兴趣、探究兴趣等等，对学生的成长无疑是很有裨益的。以《四个太阳》说课稿（节选）为例：

1. 情境教学法：利用多媒体课件，创设课文所描写的情境，辅助学生的学习。在教学的初始阶段，让学生在优美的音乐、美妙的画面的引领下，初读课文，进入课文所描绘的意境，激发他们学习的兴趣，激起他们读准字音的欲望，为更加深入、形象地感受、理解课文内容奠定基础。

2. 以读促思法："读"是理解课文、体会作者思想感情的有效手段。通过多种不同形式、不同要求的读，逐步将学生引入感受课文语言美、意境美的学习状态之中去。

第五，导博原则。"语文的外延等同于生活的外延"，正如《三字经》所云："首孝悌，次见闻。"足见见闻的重要。真正的语文课不能仅仅局限于课文自身，应该有机地拓展，使得语文学习具有其本身所应有文化的厚度和思维的宽度。如果教师不能在课堂教学中引导学生进入课文文字之外的语文空间，语文教学就表现得浅薄狭隘。以《恐龙》说课稿（节选）为例：

网络环境以它独有的生动画面、形象的声音、充足的信息在课堂教学中施展着独特的魅力，吸引学生积极主动地参与课堂教学活动。针对网络的这些优点和小学生的心理特点，我采用"发现法、自主探究法"引导学生以读为主，通过浏览网页，阅读课文内容，找自己希望探究的问题，指导学生带着问题搜集资料、阅读资料、思考问题。组织学生交流收集到的资料信息，并对资料进行分析整合，从而使学生解决问题。旨在教学活动中为学生营造良好的学习氛围，将学生引向自主、研究性的学习之路。

四、 怎样选择教法

教学是一个师生双向互动的过程，是一个动态的过程，它既受教学双方原有知识、情感、素养的影响，也受教学进程中各种因素的影响，所以小学语文教学在教法的选择中也体现着"教无定法，重在得法，贵在用法"的运用法则。

小学语文教材中由于课文体裁等的不同，选择的宏观教法也有不同。通常而言，各类课文的宏观教法大体可做如下安排：

第一，情感类课文的教法选择。这类课文包括有记叙文、诗歌、散文等。在小学阶段教学这类课文时，教师多侧重于利用多种手段创设相关情境，使学生在读词读句的过程中不知不觉入情入境，进入课文所描绘的"角色"，在教师的指导下尝试用心、用情与文本、与作者对话，促进对文章内容的理解和感悟。

如《雨点》一诗的教学，采用情境教学法为主，以教学情境的创设为主线设计教学程序："创设情境；揭示课题→层层递进；引导初读→再创情境；读好课文→复现情境；复述课文→引导想象；运用语言"。

第二，哲理类课文的教法选择。这类课文包括有寓言、童话、文言文等。这类课文的教学在指导学生学会词句、弄清文中的"事"的基础上，还得引导学生通过读懂"事"悟出其中蕴含的"理",然后再拓展延伸,使学生明白这个道理在现实生活中的普遍意义和指导作用。所以教师多采用情境、对比、体验、质疑等方法组织教学。

如《坐井观天》的教学设计以自主探索式为教学主线:"图文结合,观察模仿→实践体验,懂得寓意→情境演示,体会天大→跳出井口,拓展想象。"

第三,形象类课文的教法选择。教材中选入的写人的记叙文一般都属于这类课文。它要求通过指导学生细读人物的外貌或语言、神态、行动、心理以及环境描写等方面文句,去分析、推敲、揣摩、品悟,通过自己的感悟,构建与人物的对话,使得文中的人物形象栩栩如生地展现在学生面前,从而走进文本、走进人物的内心情感世界,准确把握文章的中心内涵。所以教师通常较多运用情境法、启发法、质疑法、对比法、发现法、思路法、直奔中心法等组织教学。

如《少年闰土》的教学应用"思路式"及"对比式"教法设计:"找'事情',理解'知识丰富'(知道得多)→品词句,理解'知识丰富'(知道得详细)→体会'三个不知道',理解'知识丰富'(以少衬多)。"

第四,观察类课文的教法选择。这类课文包括部分科普文、写景状物类散文。这类课文的教学,除了赏析文中的美景、获得有关的知识、懂得相关词句的描摹效果之外,关键还在于指导学生学会用定点、换点、比较、反复、全面等等多种观察方法,运用从上到下、从下到上、从左到右、从右到左、从外到内、从内到外、从整体到局部、从局部到整体等观察顺序观察事物,并能将观察到的材料进行分析、比较、综合等处理。既获得优美文句的体验,又习得观察描写方法。所以教学这类课文,教师的侧重点不同,教学设计的程序大多不同,因而多种方法均有运用。

如《威尼斯的小艇》一课的教学因教师的思路不同,可以有多种教法选择。按"导读法"设计为:"展示风貌,引发读书兴趣→对比品读,了解小艇特点→自读自悟,感受技术高超→读中填表,感受用处很多→回归全文,整体感知威尼斯";按"质疑法"设计则为"自学感知,明确学习对象→设疑观察,把握小艇特点→体会写法,练习片段描写"。

第五，事件类课文的教学模式。小学语文教材中一般的记叙文（特别是记人为主的）大都属于这种类型。这类课文的教学关键在于引导学生通过读书，指导其从时间、地点、人物这三个基本要素理清事件的起因、经过和结果，从而弄清事件的来龙去脉，理解事件的核心、人物的品质、文章的主旨。这类课文的教法与想象类课文的教法选择有较多相似之处，可以采用导读法、情境法等多种方法展开。

如《秋天的怀念》一课的教学，教师以导读方式层层揭示母"爱"的深层内涵："质疑导读，激发兴趣→初读课文，初感母'爱'→感情品读，体会母'爱'→精读课文，深悟母'爱'"。

其次，小学语文教学重难点突破采用的教法。

和上述在课时教学设计时确定宏观教法的选择不同，在教学的具体环节中如何采用最"经济"、最"实惠"的微观教法突破教学的重难点，是广大教师优化课堂教学、提高教学质量的追求之一。突破教学重难点的方法千千万万种，较常用的有以下几类：

第一，问题归一法。这类教法，就是在课文学习的过程中，把相关的问题集中到一个主要的问题上，集中解决。小学语文教学中的抓关键词法、抓中心句法、抓题眼法等等，都属于这类方法。如《将相和》这篇长课文的教学，为了引导学生较快地把握文章的核心价值观，可以在教学的初始阶段，通过揭题的方式把三个小故事集中到题目的重点词"和"字上，使得整个课堂教学能够较好地聚焦于课文的重点。

第二，分步解决法。就是在课文学习中把抽象难懂的某个问题分成几个小问题，通过引导学生将几个小问题各个击破，再导入需要解决的问题，这样往往较容易达到教学的目的。如《普罗米修斯》的教学，为了让学生最终充分理解普罗米修斯是个怎样的人，可以先引导学生理解"普罗米修斯是个勇敢而极富同情心"的神，再通过反复的诵读，引导学生最终感悟出"普罗米修斯不但为人类盗取了火种，造福了人类，他本身也是一枚熊熊燃烧的火种，他以'伟大的殉道者'形象为人类照亮了'坚持真理的精神'这一信念"。

第三，导读铺垫法。读，是小学语文学习最主要的方法。在小学语文学习中，由于受生活经验、事件时空距离等影响，有些问题学生比较难以理解。教师可以以"导读"的方式缩短学生与学习内容的距离，通过设计一些相关内容并进行导读，为学生的学习感悟做一些铺垫，可以有效地帮助学生突破学习重点和难点。

第四，质疑问难法。所谓"质疑问难法"，就是教师通过引导学生在教学的重、难点处设计一些问题，指导学生以自我研读、合作研读、相互答问等形式回答这些问题，最终获得问题的解决。

第五，嫁接迁移法。这类教法的操作方式，就是教师引导学生运用已学过的旧知识，通过知识迁移、知识嫁接的方式，帮助解决教学中的难点。这点常常运用于句式仿写、课堂练笔、学法运用等方面。

第六，示范点拨法。在语文学习过程中，学生的思维受阻或产生偏差等现象时有发生，这时教师的充满了暗示性或点拨意味的一个动作、一个眼神、一个微笑、一个问号、一个感叹、一次有意重复……都会成为一个很好的破解重难点的契机。能够给学生极好的顿悟，能使学生在迷茫和困惑中豁然开朗。

第七，动手操作法。学生学习书本知识，一般来说是从感性知识开始，然后由感性过程过渡到理性过程。小学语文学习也可以发掘出许多学生动手操作的内容，比如列表、制作、画图等等，可以较为有效地突破教学的重难点。

第八，多媒体演示法。小学生的形象思维较强，运用好多媒体直观演示，不但可以将课文以学生喜欢的感性方式展现出来，而且还能把不易感悟、理解的难点揭示出来，使学生的思维系统发挥多效作用，更有利于教学难点的突破。

五、"说教法" 示例

（一）精读课文的说课

精读课文是小学语文教材的主题部分，它所承担的教学任务较为繁重，既涉及字词句段篇等等方面的教学，又承担着为阅读类课文提供学习方法的任务，所以在教法的选择上应注意兼顾到其"教学涵盖面广"的问题。以《她是我的朋友》说课稿（节选）为例：

二、说教法

1. 情境法。本课是一篇对学生进行情感教育的好教材，教学中要充分利用教师的语言，课文中的插图，使学生如临其境，如见其人，受到情绪的感染，引起感情上的共鸣。

本课教学分三步进行：

（1）披文入情，整体感知；

（2）精读品味，体会感情；

（3）指导朗读，陶冶情感。

2. 扣题法。本课课题揭示了文章的中心，可在学生初步感知课文内容后，说说"她"是谁？"我"是谁？为什么要用人物的语言作课题？再简单介绍小女孩、阮恒的情况，用两三句话说清楚这对朋友之间发生了什么事？训练学生审题和抓住课文主要内容的能力。

3. 谈话法。本课教学，多处采用谈话法，导入新课时，为诱发学生的情感体验，教师可通过谈话营造紧张、危急的气氛。学习过程中，学生在自学、讨论后，以自由谈话的方式汇报自己的学习收获。使学生对所理解的内容得到及时反馈，在谈话中运用知识分析、解决问题，提高学生的语言表达能力，活跃思维，发挥主动性。

（二）第一课时的说课

精读课文第一课时的教学内容虽然因学段的不同有所不同，但是主要来说，还是以字词的学习、课文主要内容的感知、课文脉络的梳理为主要内容。所以说第一课时的教法，应以本课时的学习内容相适应。以《小白兔和小灰兔》说课稿（节选）为例：

二、促进发展，说教法

新语文课程标准指出"阅读教学是学生、教师、文本之间对话的过程"，"阅读是学生的个性化行为，不应以教师的分析来代替学生的阅读实践。应让学生在主动积极的思维和情感活动中，加深理解和体验，有所感悟，受到情感熏陶，获得思想启迪，享受审美乐趣"。这堂课我非常注重创设情境，激发学生兴趣，引领学生走进文本，充分挖掘课文中的情感因素，唤起学生的情感体验，让学生在阅读理解的基础上懂得只有靠自己的辛勤劳动，才有收获的道理。因此，本节课主要运用以下教学方法：

游戏激趣法：语文课堂应该是充满活力的"人性"课堂，是学生发展的"娱乐场"。学生饱满的情绪是进行自主学习和发展的重要前提。对于一年级学生来说，更要通过多种自然活泼的形式，不断调动学生的学习兴趣。在上课开始，为了调动同学们的学习兴趣。我向同学们展示了可爱的小白兔和小灰兔的动画贴图，并和小朋友们进行问好交朋友。动画贴图的出现给学生以形象的感受，唤起学生学习的热情，激起学生的求知欲，产生许多遐想，立刻对学习课文产生了兴趣。接着设计了摘白菜读生字词语的游戏。利用游戏来复习巩固字词，符合了学生的年龄特点，能充分调动学生识字兴趣，达到良好的教学效果。

（三）第二课时的说课

第二课时的教学要深入理解课文内容，体会写作方法。教师通过引导学生对重点词句的品读、感悟、想象等，激发学生的学习情感，使之获得情感的体验和熏陶，并从中体会作者观察、思维及遣词用句等表达的方式，学习有关学习方法。以《桂林山水》说课稿（节选）为例：

二、说教法

1. 直观教学法：教学第 2、3 自然段时，运用多媒体、板画创设情境，拉近学生与课文的距离，理解重点词句。借助板画老人山、骆驼山、巨象山，让学生形象地感受桂林山水的奇特。

2. 举一反三法：第 2、3 自然段结构相似、教学要求相同。在引导学生反复诵读的基础上，运用举一反三法，（1）指导学生仿写"……真……啊"加深学生对这两个结构段式的理解和学习运用；（2）指导学生用"读、找、品、诵"的学习方法，自学第 3 自然段。尝试学习文中对比、排比的修辞方法。反复训练，培养学生的学习能力。

3. 朗读体会法：通过抑扬顿挫、声情并茂的朗读，帮助学生体会语言的优美，感受作者对桂林山水的赞美之情，同时对学生进行有效的语感训练。

（四）第三课时的说课

第三课时的教学通常以练习从第二课时学到的写作方法进行习作练笔为主，或者进行有关主题的拓展型综合性学习。也有因为课文较长，而将第二课时的部分内容移到第三课时，结合进行读写结合练笔的。以《少年闰土》说课稿（节选）为例：

二、说教法

1. 对比法：通过少年闰土和中年闰土的人物形象对比，引发学生对闰土这一人物的关注，激起他们学习鲁迅作品的兴趣，由此引导学生初步走近鲁迅的作品。

2. 拓展法：通过指导学生搜集鲁迅的作品，进行展示交流，并指导学生尝试阅读《故乡》及鲁迅笔下各色人物的形象片段，引导学生阅读鲁迅作品，进而走进鲁迅的作品，达到了解鲁迅的目的。

（五）阅读课文的说课

为了促进教师指导下的学生自主阅读实践，小学语文教材中安排了一定数量的阅读课文。阅读课文的教学，主要用于让学生学会运用在一类课文中学到的方法进行自主学习，教师在其中主要起帮助、扶持的作用。所以阅读课文的教法选择应以此为衡量标准，教法更多地体现为如何引导学生运用学法。以《小英雄雨来》说课稿（节选）为例：

二、说教法学法

本课是略读课文。教师应以学生学习的伙伴引导学生学习，训练学生对信息的搜集与整理，进行自主探究，自主感悟，合作交流，让学生学会学习。所以我安排的教法为：

1. 这篇课文内容通俗易懂，故事性强。教学时，通过学生自读、讨论，一步步引导学生用加小标题的方法帮助快速理解课文内容。

2. 指导学生用抓关键句的方法，体会雨来机智勇敢、热爱祖国的品质是本课教学的重点。教学时，将这一问题的解决融入到讨论这一环节中进行，让学生想，让学生谈：雨来为什么要这样做。

3. 指导学生用较快速度阅读课文，了解内容。

（六）作文的说课

小学作文教学属于习作教学，练笔性质。就其教学过程的设计而言，创设情境，指导学生观察、仿写、想象、联系修改是主要的内容。其教法选择与此密切相关。以习作《难忘的……》说课稿（节选）为例：

二、说教法学法

本次习作叙述的是生活中平常而又难忘的事，所以最好从学生本身的生活事说起，为了更好地使学生开阔思路，勾起有关记忆，让每个学生都动起来，我将用以下方法切入教学。

（一）情境导入法。

在作文指导课上我以图片导入的方式激发学生的学习兴趣，刘翔夺冠、北京申奥成功等情境是学生生活中最熟悉不过的事了，以轻松有趣的导入引领孩子们进入生活情境，走进话题。

（二）合作学习法。

在指导课时我根据学生们的意愿给他们分好组，在同组内交流相同的话题，尊重学生的个性，鼓励学生选择适合自己的习作内容进行交流，充分体现了学生是语文学习的主人，也体现了新课标提出的"自主、合作、探究"的学习模式。

（三）"双向互动"的交流模式。

在指导课与批改课中采取师与生，生与生双向互动等交流过程，力求让每个学生始终在富有个性和积极思维中进行叙说。

（七）口语交际的说课

口语交际课通过创设学生口语交际的情景，在课堂中对学生进行口语交际的训练。它由学生的活动情景、学生的话题、学生的口头表达、学生的情感体验、教师的指导活动等组成。所以口语交际课的教法一般离不开"情景"、"体验"、"合作"、"示范"、"口头表达"等关键词，由此，口语交际课的教法也大体约定体现这类活动的范围。以《爱吃的水果》说课稿（节选）为例：

二、教法、学法设计

课标要求低年级口语交际要使学生认真听别人说话，学说普通话，能说一段意思完整连贯的话，愿意与别人进行口语交流，举止大方，有礼貌。因此本节课我创设多种交际环境，让每个学生无拘无束地进行口语交流，充分体现学生是主体，教师是主导，调动学生爱讲、敢讲、会讲的积极性，针对以上教学思想，教学中我采用了以下方法：

1. 通过猜谜，激发学生的学习兴趣，引起学生说的欲望。

2. 通过各种形式，让每个学生无拘无束地进行口语交流，在双向互动中，积极锻炼口语交际能力。

3. 通过采访水果店及果农的形式，培养学生能与别人大方、有礼貌地交流。

4. 在访一访的基础上，通过和他人交谈，鼓励学生大胆地与陌生人进行交流。

第六章 小学语文说课怎样说学法

教法，是相对于教师的教而言的，而学法则是相对于学生的学而言的。学法指导是指教师在教学过程中，通过最优途径，使学生通过学习掌握一定的学习方法，并具有选择和运用恰当的学习方法进行有效学习的能力。

现代教育对受教育者的要求，不仅是学到了什么，更主要的是学会怎样学习。《语文课程标准》指出：教师要教给学生学习方法。在教学的过程中，学生的所谓"学习"，实际上就是学生学会"怎样学习"；所谓教师的教学，吕叔湘定位为："教学，教学，就是教学生学，主要不是把现成的知识教给学生，而是把学习方法教给学生，学生可以受用一辈子。"古人也说："授人以鱼，不如授人以渔。"由此可见，教师要重视学法指导，教师教学生学会学习比传授知识更重要。学生只有掌握了正确的学习方法，才能终身受用不尽。

在语文教学中，教是为了学；教的唯一目的，是促进学生学，教会学生学。说课中说的学法，严格意义上讲，实际上是指学法的指导，是教师对学生进行学习方法的传授、训练，使学生逐步掌握科学的学习方法，进而形成独立的语文技能的过程。所以在语文说课活动中，学法的设计和研究应该作为一个重要的内容进行思考。

在小学语文说课活动中，有将教法、学法分别进行阐述的，也有将教法、学法结合在一起进行综合阐述的，还有将教法、学法融合在教学过程或教材解读中进行阐述的，不一而足。因说课者的水平、素养、风格不同，各种阐述方式各有其功用和效果，没有哪一种是绝对可行或不可行的。相对而言，将教法、学法分别阐述，于一般教师来说，两者相辅相成，层次清楚，更容易把握。通常先介绍教法，后阐述学法。

一、"说学法"的要点

(一) 说清学法的名称

在教学中将教学生学会什么学法,或者将继续培养学生按什么学法怎样进行学习,必须交代清楚。可以结合学法的典型特点,给予一个合适的、适合听者辨析的名称,也可以按操作的过程进行具体描述。学法的命名体现学科学习的特点,要合理、简洁、具体,让人一听就懂你这学法是怎么回事。以《少年闰土》说课稿(节选)为例:

五年级的学生经过学习,已经具备了一些理解课文的能力。所以本课引导学生运用"读——思——议——读"的学习方法。学生通过动脑、动口、合作等方式,让课堂上有琅琅的书声、静静的思考和热烈的讨论,充分突出语文教学的特点。按照"品读语言——表达感悟——积累语言",让学生实实在在学语文,体现工具性和人文性有机统一。

(二) 明确主辅学法

语文学法指导的内容十分丰富,大的方面如指导学生阅读、梳理材料、概括主要内容、学习观察等等;小的方式如识记生字新词、特色句式练习、朗读指导等等。可以说每一个教学步骤都可以进行学法指导实施。所以,教学中应予以集中,确定其中一种学法为主要学法指导,另外一两个学法指导为辅助项目,说课时先概括地说出该课时将重点指导的学法是哪个,以哪些学法为辅,这样才能使得教学体现出主次。以《挑山工》说课稿(节选)

为例：

1. 自读自悟法。要培养学生具有独立阅读的能力，充分尊重学生个性化的阅读行为是基础。在学生已有一定阅读能力的基础上，我在全课主要采用引导学生自读自悟的方式展开教学的线索，让学生在自主、合作、自悟的思维和情感活动中，加深理解和体验，获得感悟和思考，受到情感熏陶，享受审美乐趣。

2. 批注图解法。指导学生在课本的空白处，用精练的词句写下自己对文本的点滴阅读感受，培养学生养成"不动笔墨不读书"的良好阅读习惯。阅读教学要培养学生对语文文字的理解、感悟，而感悟文字的方法很多，能根据语言文字画出相应的图，也是一种方法。教学本课时理解的"折尺形"路线，让学生边读书边画出图形。

（三）说清运用的理由

语文学习过程中，学习的方式千万种，为什么你引导学生学习这种学习方法呢？在说课中要说明运用这种学法的理由。就宏观学法而言，应交代出本班学生的学情特点及运用这种学法的延续性，或者教师在学法安排中的系统性、特色等，比如在学年（学期）中该学法的地位，单元中的学法安排，或讲清重在培养什么能力、习惯和学生运用这个学法的现状以及准备注意的地方，体现其过程性、教育性；就本课中引导学生运用的几个微观教法而言，应清晰说明在教学训练的重点环节中运用此学法所具有的必然成效，突显其实效性。这样，才能令听者信服你关于学法的安排之理。以《荷花》说课稿（节选）为例：

有了前两篇精读课文的学法做铺垫，学生积极主动。在《荷花》一课的学习中，主要指导他们继续练习默读勾画、自读自悟、自主探究、合作交流的学习方法，体验学习的快乐。在指导赏读三个优美句子时，重点引导学生在诵读中触发语感、品读中领悟语感、想象中丰富语感、表达中积淀语感，使其在阅读中收获学习的快乐。

（四）说清运用的时机和方法

说学法不能停留在介绍学法这一层面上，要把主要力量花在解说如何实施学法指导上。要说清在哪个环节、哪个训练点进行哪项学法练习，运用这个学法解决什么问题或者如何激发学生的学习兴趣、如何调动学生的学习积极性、如何发展学生的听说读写能力、提高学生的观察、注意、记忆、思维、联想、想象、感悟能力等。比如：在解决重难点时，在尝试自主学习时，在进行合作学习时，在巩固学习成果时……说清为什么在这个环节采用这个方法，为什么要"这样学"，以及这种方法达到成效的可能性。以《春天的雨点》说课稿（节选）为例：

理解体会"春天的雨点，落在草原上，草原上正萌发勃勃生机。春天的雨点，仿佛也落在达丽玛心里"，这句话是本文的教学难点。我准备在教学到这个段落时指导学生运用"合作探究法"进行学习。学生结合教师用多媒体演示的"春天的雨点""落到达丽玛心里""达丽玛心里想什么"等问题，在"读、议、思"中进行合作学习。以激发学生的主动意识和进取精神，调动学生的学习积极性，让学生在小组中展开讨论，学会合作，拓展思维。这样不仅尊重了学生的个性体验，而且训练学生的想象和说话能力。

（五）体现与教法的联系

"教学方法"，简单明了地说明了教法与学法的关系。教法和学法的不同，主要在于所针对的对象的不同,实际上它们有许多共通之处。在说课中,将教法实施的过程转化为学法指导的步骤,也是许多教师常使用的招数。

二、学法选择的原则

小学各学科学法指导的总体要求是"渗透"。小学语文学法指导不但具有各学科学法指导的特征,同时还具有自己独有的学科特点。在说学法指导的过程中,教师具体指导什么学法,要注意体现因文而异,因需而异,因人而异,结合相关课文、学情特点说清楚。一般来说,说学法,要注意以下原则:

第一,体现系统性。在全课的教学过程中,贯穿全课的一个主学法是什么?在说课中必须明确阐明。同时注意尽量体现出该学法指导是全年或学期教学活动中的延续,具有学法指导的阶段性、渐进性,能够表明学法指导在你教学过程中的地位和学生在学法尝试、运用过程中的成效。要注意表达出学生对所安排学法的原有基础和将达到的新目标。

第二,体现针对性。说清所安排的学法练习在本课的学习过程中具有较强的针对性。比如:或者最符合课文体裁的学习,或者能最好理清课文的脉络,或者对感悟课文重点有较好效果,或者对句式练习有较好巩固作用,或者对积累词汇、情感最有效,或者能最佳地熟练原有技能等等。

第三,体现过程性。小学语文学法指导,不同于其他学段学法指导,它具有初始学习的特点。在班级全体学生的学习的过程中,主要表现出"渗透"为主的特点,反复运用、螺旋上升的特点,运用中巩固的特点,而不是直接用以解决问题。所以在说课中,通常都需要把有关学法在教学过程中何时进行,如何与课文的学习进程相结合等交代清楚,体现出学法指导的过程性、具体性。如何实施学法指导,这是说学法的重要内容,是关键。

第四,体现适用性。好的学法不等于都可以用在小学语文学习的过程中,还必须与学生的知识、技能、生活经验、智力水平等相适应。所以在说课中,所安排的学法应有趣、易学、巩固性好,适合于小学生的学习实际。

第五，体现"经济性"。在教学的每一个知识学习过程，都可以有一种学法，如果每个教学的细节都安排具体的学法指导，那整个课堂教学可能就将在面面俱到中无所适从了。所以说学法，应体现出经济性——"够用就行"。一节课有一个明确具体的主要学法指导即可，有时因为课文学习难度或教材特色的需要，可以有意识地再安排一两个辅助学法进行集体指导。使得所选学法在课堂教学过程中体现出最佳性、集中性。

三、学法确定的方法

学法指导，顾名思义，就是教师对学生进行的学习方法的指导。在小学阶段，学法指导、学法渗透的主渠道是课堂教学。教师应根据每堂课的教学内容，确定学法指导的目标，指导学生在学习知识的过程中运用所掌握的学法掌握知识、形成能力，同时再利用此法独自去获取新的类似的知识。

说学法就是要说出对学生的学习方法进行的指导。一是要说清楚学生在学习过程中可能出现的哪些障碍及原因；二是要说清在教学过程中指导学生掌握哪些学习方法；三是根据学生的认知特点，要说清楚有哪些措施和条件保障学生能掌握这种学习方法。

（一）学法指导的内容

小学语文教学中，学法指导的范围一般有以下内容：

1. 一般性的学习方法。一般性的学习方法常常表现为学生学习习惯的培养等，它也是学法指导的重要内容，并且因其与学习习惯的培养相结合，所以对于小学生的长远发展就显得更为重要。如：

预习的方法。预习是各学段学生的学习方法指导内容，它因各学段的特点及课文教学内容的不同而有不同。通常情况下，低年级的语文预习为查字典，初步自学生字新词，学习解决生字的音形义等问题。中、高年级的预习则为初步阅读课文，学习搜集有关课外资料，尝试在自我阅读课文的过程中找出不懂的难点和不甚懂的疑点，带着这些难点和疑点，在上课时通过老师的指导、同学的互助予以解决。

听课的方法。教师通过引导、示范等方式指导学生循着教师的教学思路、同学的学习思路、教学的进程，积极参与。

练习的方法。如书写工整、练习格式正确、独立思考、灵活运用新知识、积极进行开放性思维等。

其他还有复习的方法、考试的方法等等。

2. 知识学习方面的学习方法。小学语文知识性学习的学习方法指导主要表现为标点、字、词、句、段、篇等的学法指导。

低年级是小学阶段识字量大的阶段，以字词句的教学为重点，教师应着重培养学生独立识字的能力，让学生采取不同的方法来独立识字。学字，可以利用汉字形旁表义、声旁表音、字义性质归类等等规律指导学生掌握学习方法进行识字。常用的有：结构分析法、看图识字法、字形比较法、儿歌记忆法、想象记忆法、归类识字法等等。学词，常用的有以图解词法、词素解词法、查字典学词法、动作演示法、比较辨析法、联系生活实际法、联系上下文法等等。

中年级以句的阅读、训练为教学重点，教师应着重培养学生感悟、运用句子的能力，指导学生学会用多种方法进行句子的学习。通常使用的方法有：由词到句学懂句意法、抓关键词语理解法、联系文章的中心理解法、联系上下文法、通过体会修辞手法作用理解法、儿歌联想法、想象感悟法、借助资料法等等。

高年级语文教学以篇章结构的深化认识、文章中心的感悟把握、表达能力的提升为阅读教学的重点。教师应着重在这个方面进行学法的指导。常用的学法指导有：题眼切入法、直奔中心法、提炼中心词法、重点段引入法、聚焦主要人物法、从过渡句入手法、写作方法赏析法等等。

3. 能力形成方面的学习方法。能力性的学习方法包括观察、注意、记忆、思维、想象、表达等能力。它在各学段中都有安排，是循序渐进、螺旋上升的过程。它通常将阅读学习中所运用的多种学习方法有机地与学文过程结合起来。如"观察→讨论→学习→运用","读→想→画→读","朗读,品味、想象、诵读","读→想→议→练→诵"等等,在这样的教学过程中学习、运用,学生不但可以学会学习的方法,而且还能训练其触类旁通的能力,巩固所学知识和学习方法。

4. 非智力因素方面的学习方法。小学语文教学重视非智力因素的培养,不但有利于培养学生良好的语文学习兴趣、动机、习惯、意志、情感、自信心、竞争意识、承受挫折的能力,而且是促进学生有效地掌握学法的保证。所以在进行学法指导中,利用学法成效诱导学生乐学、想学、敢学是小学语文学法指导中的一项不可或缺的内容。

(二)学法指导的过程

小学生的学法指导强调要指导学生学会学习方法和落实学习方法的实践过程。小学生的年龄特点及其由感性认识上升到理性认识的认知规律,决定了其学法的形成通常由"感知→模仿(内化)→应用→检查(巩固)"四个阶段组成。

第一,感知阶段。由教师在教学设计中有意识地安排的学习示范,在学生阅读学习的过程中展示学法。教师在进行阅读指导的过程中通过线条明确、层次清楚的示范性学法展示,让学生从中感知学法、发现学法、领悟学法,进而尝试和运用学法。如教第四年级上册第5课《古诗两首》时,可以将第一首诗《题西林壁》进行学法引导。指导学生分步进行学习:"初读,读准字音→教师范读,读准节奏→细读,理解字词→精读,体会诗意→赏读,想象意境→诵读,背诵诗句。"将学法初步展现在学生面前。

第二,模仿、内化阶段。由教师唤醒学生的有意注意和感知阶段的初步感知,教师指导归纳,明确以上学法,将感性认识上升为理性认识,促使其发现和领悟前面的学法。如在学完《题西林壁》后,问学生:"我们刚才是分了哪几个步骤来学习这首诗的?每一步是怎样做的?"学生通过对前面的学习过程进行思索，就可以发现和领悟到学法，并在教师的指导下比较清晰地归纳出来。

第三，应用阶段。由学生的自学运用，教师在其中起点拨作用。如，通过《题西林壁》前两个步骤的学习和点拨，学生已经领悟和归纳了学法。这时应及时进行学法运用的实践。学法，主要是一种方法，要靠学生通过自己的学习实践活动才能真正掌握，从而获得学习能力。因此，在教学《题西林壁》的基础上，接着应安排学生"按刚才的学法方法"学习《游山西村》。这样学生的学法实践才能得到保障。

第四，检查、巩固阶段。教师有针对性地检查学生的自学效果，使学生看到自己运用学法所取得的成绩，获得成功的体验，可以较好地激发学生自主学习的积极性，促进学法指导的深入。其次，通过对比性检查，可以让学生发现学法运用的奥妙，取得更好的学习效果。

虽然因为文体、学情等的不同，语文学法指导在课堂的实施也大相径庭，但"引导——扶助——放手——评价"的指导过程是小学语文教学中教师进行学法指导的基本过程。

（三）学法指导的途径

小学语文学法指导的基本途径是"渗透"。在小学语文学习中，渗透学法的过程就是学生参与语言训练的过程、学生展示思维的过程、学生感知知识的过程。所以，小学语文学法的渗透通常通过以下途径进行：

第一，在阅读的过程中渗透学法。语文学习，首先在"读"，采用各种方式读好课文，是小学语文阅读教学的第一要务，是语文教学的基础。教师在设计读的过程中安排学法指导，有利于培养学生的自我阅读能力、阅读习惯，达成有效阅读的目的。在有效阅读的过程中对学生进行评注、标记等学法指导，使学生既便于理解积累，也可为将来的学习打下基础。

第二，在摘抄的过程中渗透学法。"好记性不如烂笔头"。教师根据课文的内容，指导学生对课文中或描写精彩、或议论深刻、或见解独到、或包含哲理的优美句段、篇章等进行摘录，既有利于学生积累，也有利于使之养成摘记的习惯，有效地进行语文学习。

第三，在仿写的过程中渗透学法。读写结合是小学语文教学一项重要的要求，也是一种很好的教学方法。阅读、摘录是信息的输入，写则是信息的输出。在有效的语文学习过程中个，两者之间是良性的互动过程。所以在平时的教学中，可以抓住教学的关键点，或学生学习的兴奋点，及时进行读写结合练笔，在练笔的过程中渗透学法指导。

第四，在练习的过程中渗透学法。及时、必要的语言文字训练，是扎实语文基础知识的重要手段。因为语文基础知识涉及面广，内容庞杂，许多知识比较细碎，只有通过练习，才能强化理解，增进记忆，巩固提高，也才可查漏补缺，形成体系。在指导学生语言练习的过程中渗透学法指导，更有利于学生及时、牢固地巩固所学知识，形成学习能力。尤其在迁移性训练中，更需要反复指导学生运用学法，以使其真正理解和掌握阅读方法，使其在具体的学习活动中领悟阅读方法的真谛，形成学习能力。

第五，在质疑的过程中渗透学法。学问学问，贵在善问；学问之道，既学又问。"好学而不勤问，非真能好学者也"。在教学中，教师以问设疑是学法指导的起始；教师指导学生在阅读、朗读、练习、仿写等过程中进行质疑则是学法指导的实践过程。质疑本身也是一种极好的学习方法，它可以使学生由疑而求得解惑。因此，鼓励学生质疑，教给学生质疑的方法，在学生质疑的过程中渗透学法指导是小学语文阅读教学中学法指导的重要途径，不仅有利于学生巩固学法，形成学习能力，而且有利于学生形成合作学习、共同探讨、"疑义相与析"的良好品质。

第六，在思维训练的过程中渗透学法。"学而不思则罔，思而不学则殆"。语文学习的主要内容是内容丰富、个性鲜明的文本，语文学习是将文字再造为形象的过程，它的学习过程一刻也不能离开思考。小学生的学习需要大量的形象思维情景支撑，在思维情境中渗透学法指导，使学生掌握阅读方法，形成阅读能力是小学语文教学方法渗透的重要途径。即使是文本中较为稳定、枯燥的语文知识、逻辑关系、文章结构等也需要深刻的思考。因此，在教学过程中，教师应指导学生用一定的学习方法，去感悟其中的情感、哲理，把握其中的规律。

第七，在解析教材结构的过程中渗透学法。在小学语文课文中，有些课文的某些段落结构相同、写法相同，教师不必逐段分析讲解，在讲解了其中一个段落之后，可以引导学生归纳出学习方法之后，再指导学生按照前面一段教学的阅读方法，举一反三，通过自学、讨论等方式展开学习；在单元组的学习过程中，将在精读课文学习中学会的方法运用到阅读课文的学习之中；在预习课文时，根据课后思考题提示的阅读步骤和学习重点，引导学生进行阅读实践，都是学法指导的内容。

总之，学法指导必须以理解为基础，以训练为手段，以应用为归宿，优化其过程的各个环节，不断提高学生自能读书的能力。

（四）常用的学习方法

语文学习的方法成千上万，多种多样，因文因人而异。许多教师在自己的教学实践中或者帮助学生总结出行之有效的学习方法，或者发掘出学生的学法方法。所以在说课活动中，确定学法指导的思路也有着相当广泛的途径。

如果从学法构成的方式看，常用的学法类型大体有以下几类：

1. 问题式。针对课文学习的重、难点，设计相关的问题，让学生带着问题读书。这类学法设计的目的明确，学生在读书时，边读边思考问题，容易将精力集中到需要解决的问题上来，并运用具体的学法进行学习理解。如学习《颐和园》时，可以引导学生思考：①作者写了颐和园的哪些景点？按什么观察顺序写的？②哪些句子给你留下深刻的印象？试着读读想想。循着这个问题阅读，学生基本上能解决课文的结构美、景点美、遣词用句美的理解和感悟。

2. 提示式。启发式教学是小学语文教学中永恒的教学原则和方法，对于引导学生发现、运用、巩固学法也有极大的促进作用。学生在阅读过程中，遇到疑难问题陷入迷惘时，教师给以必要的启发、提示，往往可以达到较好的解决问题的效果。如《掌声》一课的教学，当学生学到英子在同学们给予她的掌声前后有很大的心理变化时，指导学生反复对描写英子在掌声前和掌声后的心理变化的文字进行对比阅读，并提示学生体会英子的心理变化，能够使得学生更深刻地理解感动给人的力量。

3. 迁移式。这类方法是利用课文中知识的共同点，引导学生将先学的方法用作解决待学的内容，进行知识迁移。如《新型玻璃》这课，几个自然段的结构相同，在教学生学会"夹丝网防盗玻璃"的特点和用途之后，就可以指导学生利用迁移法，将学"夹丝网防盗玻璃"这一段所用的方法，运用到其余四种新型玻璃的特点和用途的自学活动中去。

4. 情境式。这类学法就是在学生阅读时，将课文的文字与自己合理的想象有机地结合起来，建构起情境，使自己进入文章描绘的情境，与课文中刻画的人物、抒发的情感、优美的意境发生联系，进行"对话"，促进体验，以更进一步地理解文章内容，感悟文章情感。这种方法多用于古诗、抒情散文等课文的教学。

5. 导读式。通过引导学生诵读、摘记等方法，如边读边思边圈画符号、加批注、做笔记、做练习等等，使得学生的口、脑、眼、手等结合起来，多功能地进行阅读活动。在阅读中养成自觉做摘录、写笔记等良好习惯。

6. 转换式。教法和学法是教学活动中不断相互转换的，当其操作的对象指向为学生时，许多可操作的教法往往会转变为学法。

如果从学段教学的运用看，常用的学法大体有以下内容：

对低年级学生学法指导的重点。小学语文第一学段（一、二年级）的教学，着重是进行汉语拼音、识字写字、听说、阅读、写话的训练。低年级的学生正处在六至八岁阶段，他们的思维是以具体形象为主，认识、理解事物或学习时必须借助实物或形象。所以第一学段学生掌握的学习方法主要有：借助形象事物学习汉语拼音和简单的汉字；学会写字的基本方法；能用形象记忆法、趣味记忆法、情境记忆法背诵课文；学会按一定顺序观察图画和简单事物的方法；通过先想后说的方法，说、写完整的话、通顺的话、规范的话；课后能用复习的方法巩固所学知识；

对中年级学生的指导重点。小学语文第二学段（三、四年级）的教学，着重进行段的训练。通过对段的理解和练习，逐步过渡到篇的学习和训练。中年级的学生年龄在九至十岁，思维方式开始从形象思维向抽象思维过渡。他们心理注意的有意性、目的性有所发展，有意注意时间有所增长，略能自觉地支配自己的行动。已有了汉语拼音、常用汉字的学习基础。因此，这个阶段学生学法指导内容有：学会课前预习找疑点，课堂笔记记要点，课后复习抓重点的方法；学会用音序、部首、数笔画的方法查字典、词典，理解词语；学习按方位、时间、事情发展等顺序地观察事物的方法；学会按时间先后顺序，事情发展顺序，总分思路顺序介绍事物的几个方面的顺序分段的方法；学会用"中心句法"、"中心词法"、"归并法"等方法概括段意；学会用多种方法背诵课文。

对高年级学生的指导重点。小学语文第三学段（五、六年级）的教学，着重是进行篇的阅读和训练。高年级学生的心理特征是：抽象思维能力达到一定水平，他们已能略长时间、有效地感知分析事物，能区分事物的主次特征，观察事物、认识事物的能力大大加强。他们已基本学会和掌握学习语文知识基本的、具体的学习方法。在这个阶段中，对学生学法指导的主要内容有：学会用"比较法"等方法掌握不同类型课文的内容、结构、特点；学会用"质疑法"等方法阅读课文，通过边读、边质疑、边释疑的过程得到新的知识；学会用多种方法归纳文章的主要内容；学会用"课题分析"、"重点段落分析"、"分析主要内容"、"找中心句"等方法归纳文章的中心思想；学习用"结构分析"、"借助提示"、"比较分析"、"品词析句"等方式进行文章赏析品味；学会逐步掌握"分析综合、抽象概括、逻辑推理"的思维方法；学会用"总结提高的方法"检查自己的学习方法、学习效果。

四、"说学法" 示例

(一) 精读课文的说课

精读课文的教学既有字、词、句、段、篇等知识能力学习与情感熏陶的任务，也承担着指导学生学会学习方法、形成自学能力的重要任务。所以在教学的过程中，要十分重视从教材和学生实际制订合适的学法指导内容，进行学法渗透，引导学生学会学习。以《一定要争气》说课稿（节选）为例：

《一定要争气》是人教社五年制第五册第二单元的讲读课文。讲的是我国已故著名生物学家童第周上中学时发愤学习和留学时刻苦钻研，成功地剥离青蛙外膜的两件事。课文所结合的单元训练重点是联系上下文理解词语。根据年级、单元训练的要求和三年级学生初具问题意识的特点，这篇课文的学习过程中可以指导学生进行以下学法练习。

1. 读题质疑法。课文以"一定要争气"为主线贯穿始终。教学时可以指导学生从读题入手，引导学生进行以下质疑："争气"是什么意思？谁"一定要争气"？怎样"争气"？为谁"争气"？结果怎样？通过审题，既使学生理顺学文的思路，又有学习质疑的方法。

2. 品词析句法。这是学习语文最基本最常用的方法，能切实有效地让学生进行语言文字训练，理解课文内容，了解人物的品格。在这篇课文的教学中有不少词适合于此法学习：如三个"才"的理解，单凭字典的理解是抽象的，应该让学生反复自读第二段，通过联系上下文理解的方式，认真品读领悟同一个"才"字在三句话中的不同意思，从中体会汉字的丰富内涵。

3. 比较阅读法。在重点句的学习中，指导学生联系课文在比较中学习课文两次写童第周"一定要争气"的心理活动的句子，通过比较分析句子的异同,明确童第周第一次争气是为自己,第二次争气是为祖国,在读议中使学生深入领会他那不怕困难、勤奋学习的优秀品质。

(二) 第一课时的说课

学法的作用与教法的作用有一个重要的区别:教法是为围绕解决重点、突破难点而设置的,是为其服务的,而学法的安排则常常并不为解决难点服务,是使学生熟练学习的方法,积累自我学习的经验服务的。所以第一课时学法的选择应紧密结合课时的特点,以学会字词、感知课文主要内容、梳理课文脉络为核心。以《丑小鸭》(第一课时)说课稿(节选)为例:

四、教法和学法
……
学法:
(1) 探究法:在学生的学习过程中,结合知识与能力、过程与方法,情感态度和价值观三个方面的教学目标,分别指导学生继续尝试进行初步的探究性学习,在导读的过程中,用问题引导学生在自读、合作读中探究故事的脉络、体验主人公(即丑小鸭)的内心活动过程。

(2) "看·听·读·品"法:在各小节的学习过程中引导学生通过看课文插图、听教师范读、自由轻声读、合作读、品小鸭内心词的方式进行阅读习惯与能力的相关训练。

(三) 第二课时的说课

第二课时学法的选择要结合课时特点进行。以感悟课文内涵、体会写作方法、对比拓展学习、放飞想象等等为主,提升学生的阅读能力。以《去年的树》说课稿（节选）为例：

为了达成这些学习目标我采用以下教学方法：

（1）读悟法："阅读教学是教师、学生、文本三者之间对话的过程。"所以我采用了自读感悟、自主探究、合作交流的方式进行本课时的教学。重点放在促进师生、自我、生本三种对话方式的生成。指导学生重点研读的内容是"小鸟和大树"的对话。采用自由读和演读的方式，通过读使学生在对话中感悟小鸟和大树的友情。

（2）合作法：在本课时教学中，既安排学生用自己喜欢的方式读课文，说自己的发现、疑问和收获，以学生的自主阅读为主给学生充分的时间和空间自读自悟，也安排学生进行合作学习。使学生在自学、自悟的基础上相互交流、相互启发、共同探究，有利于培养他们的合作精神和协作能力。

（四）阅读课文的说课

阅读课文的设计，就是让学生在课内进行自主学习，让学生把精读课文中学到的方法用于阅读课文的自学之中。因此，在说课活动中，说阅读课文的学法，应始终抓住"学生如何进行学习实践"、"学生如何运用学法"这个核心进行，并结合说明教师在其中的帮助、扶持作用。以《麦哨》说课稿（节选）为例：

教法及学法：
根据本文的特点，我确定了如下的教学法：

1. 情境教学法：教师准备相关课件，补充课外的乡村的图片资源，对教材文本进行拓展，丰富学生的见识，激发学生对美丽田园的情感。

2. 朗读感悟法：引导学生在读书的过程中生疑，通过带疑读书，促进理解和感悟。

3. 自主感悟法：学生是学习和发展的主体，教师是学习活动积极的组织者和引导者，在教学中主要以问题引导学生进行"生本对话"、"生生合作"等形式，互读互悟。

第七章　小学语文说课怎样说教学程序

教学程序是教学实施的呈现主体。它将教学的目标、教材的意义、文本的知识、训练的能力、教师教育思想、教师专业素养、教学方法组合及教学效度等通过教师对教学程序的预设融为一体，并通过它的实施，将以上所选择、组合的效度呈现出来。所以，说教学程序是说课活动中最主要的内容，它在说课活动中所花费的时间最长。通常情况下，小学语文说课的时间若以20分钟为标准的话，那么"说教学程序"一般占到约不少于60%的说课时间。

一、"说程序"的要点

"说教学程序"是说课活动的主要环节，是说课的重头戏。它既是教师预设的教学的实施过程，也是教师运用各种手段破解教学重点难点的过程，它将"教什么"、"怎样教"、"为什么这样教"结合在具体的教学步骤中进行严密的阐述。所说的内容多、费时长，既有教学环节的安排说明，又有各个环节相关教学方法、教学理论的阐述，并体现出很强的准确性、针对性，同时要使得听课者能够快速地捕捉说课者所表达内容的正确性、逻辑性、合理性、特色性等。所以在说教学程序时，要注意以下要求：

第一，环节完整严谨，课时目标明确合理。必须紧扣教学目标，安排充实、恰当的教学内容。教学的时数要分配得当，教学的各个环节完整清晰、安排合理。各个环节的安排既说明本环节中学习的主要内容及教学手段和达成目的,体现小学语文学科知识学习、能力训练、情感熏陶的过程性特点。各环节之间的过渡自然,前后环节相互构成延伸、启示、沟通的结构特点。

《麦哨》说课稿

我将从"创设情境,导入课文;初读课文,整体感知;细读课文,点题明理;赏读课文,品味语言;小结课文,拓展练习;板书设计"六个方面说教学过程。

一、创设情境,导入课文

导入就像一把钥匙一样,是必不可少的,也是至关重要的。本课运用图片课件导入,让学生对乡村生活的情趣有一个直观的认识,帮助学生理解课文中所表现出来的意境。我设计如下的导入:先让学生观看《美丽乡村》生活的图片。然后提问学生:同学们,你们有过乡村生活的经历吗?想了解乡村孩子的生活是怎样的吗?那我们就一起来读读《麦哨》这篇课文,读完后,相信你一定有美好的感受。通过学生的好奇心来激发学生的兴趣。(板书:麦哨)

二、初读课文,整体感知

首先,我会让学生自由朗读课文,要求读准字词,读通课文,初步感受课文大意,让学生对本篇课文有个整体的了解。

然后,让学生们合作学习,相互交流生字学习情况,并出示课件"畔、兜"等8个生字,要求每位学生至少选择一个生字准备参与交流,特别是多音字的分析和形近字的比较。通过这种方式来发挥学生主体性,引导学生从自己的实际出发,说说自己曾经见过的字,自己容易写错读错的字,自己发现很特别、很有趣的字,尽量做到字不离词、词不离句。

最后,我会让学生们同桌互读课文,并同时思考两个问题,让学生进一步整体了解课文,充分发挥学生的积极性。

三、细读课文,点题明理

1. 步入"欢快、柔美"的课堂

《麦哨》是一篇十分优美的散文，读起来很有情趣，很有味道，令人陶醉。我将会让学生快速地默读课文，引导他们找出课文的两个关键词，并说说其意思。

2. 理解"欢快、柔美"的情态

首先，我将会提问学生，让学生体会课文中的"欢快、柔美"。（板书：欢快、柔美）然后，我会请学生"欢快、柔美"地自由朗读课文最后一个自然段，再一次感受课文的"欢快、柔美"，感受乡间生活。最后，我会请学生找出自己喜欢的部分，说说理由，朗读出感受。从而充分发挥学生的主动性，培养他们的说话能力。

3. 领悟"欢快、柔美"的内涵

在这个阶段，我将会播放《牧童短笛》的音乐，让学生和我一起读最后一个自然段。通过音乐的渲染，来触动学生的心灵。接着，我会让学生们展开想象，充分发挥他们的主观能动性，培养他们的能力。最后，我会请学生们结合生活实际举出生活中"欢快、柔美"的具体事例。以此，从文本向生活拓展，使学生认识到"欢快、柔美的生活"。

4. 提升"欢快、柔美"的意境

通过对文章的学习，让他们充分感悟乡村"欢快、柔美"的生活，让他们做一回小诗人，把给出的诗歌补充完整。

四、赏读课文，品味语言

请学生默读课文，画出喜欢的部分，然后试着有感情地读一读，充分尊重他们的个性解读。接着，教师引导学生体会作者丰富生动的语言，我会选其中的三个语句进行赏析。在此，我以一个语句为例并作如下的预设："草地柔软而有弹性，比城里体育馆的垫子还要强，这简直是一个天然的运动场！"

这句中的"简直"表示什么意思？这句话运用了什么修辞手法？这样的修辞手法有什么作用？我们阅读时，应该读出一种什么语气呢？

通过这种分析让学生充分了解课文中重点词句的意思及在课文中的作用，帮助他们领悟课文所表达的意思，帮助他们增长知识，积累语言。

五、小结课文，作业拓展

这个环节我会请同学们选用这一单元中自己欣赏的词句，尝试着写几句诗，赞美田园景色。引导他们在理解和感悟的基础上发现语言规律，并熟读积累，使文本丰富的语言浸润学生的心灵。另外，作为本单元最后一课的学习，引入拓展阅读，尝试写作练习，把学习的视角引向了更广阔的天地，使得文已尽，而学无尽、意未尽。

六、板书设计，回归巩固

好的板书设计具有提纲挈领，突出重点，增强教学效果，集中学生注意力，达到审美教育的作用。所以，我的板书完全是按照我的教学思路而来，简洁而又突出重点，更具诗情画意，把文章的重点全部诗意地概括出来。

板书设计	24. 麦哨 （欢快、柔美）	碧湖，绿田，孩子，一幅色彩斑斓的画； 油菜，蚕豆，稻花，一曲欢庆丰收的歌； 翻跟头，竖蜻蜓，麦哨声声，小伙伴乐开怀！	板书设计

第二，环节简洁明了，体现较强的针对性。教学环节的数量安排适中、简洁、明了。教学各个环节解决的问题集中、有效，教学的重点环节突出，对如何解决教学重点、突破教学难点阐述明确具体，较好地体现出教学围绕重难点展开的特点。重视通过对教学重点细节的具体阐述，表达教学设计将可能达到的实际成效。

《金钱的魔力》说课稿

一、揭题解题

1. 金钱：百万英镑。概述故事背景：出生于富豪之家的兄弟俩，从银行中取出面额为一百万英镑的钞票，借此验证这一百万的价值。他们选择了身无分文的年轻人作为实验品。于是一个流落伦敦街头的穷光蛋忽然之间得到了一张一百万英镑的钞票,他的生活由此发生了翻天覆地的改变,引起了他生活方式的突变……这个穷光蛋就是文中的"我"。

2. 什么叫魔力?学生初次理解为:像魔鬼一样的力量,具有吸引力等。没关系,这只是学生初步的理解,等再次走进文本去品味人物的语言及神态,也许就有更深的感悟。

二、初识人物——初识金钱的魔力

在学生理解了课文内容大意的基础上,出示这两句话:

"我等候着,一直等他把手头的事办完,他才领着我到后面的一个房间去,取出一堆人家不肯要的衣服,选了一套最蹩脚的给我。"

"您说得很对,先生,您说得很对。您请稍等一会儿——我送您出去,先生。好吧——再见,先生,再见。"

1. 第一句话是写谁?强调什么?——等,一直等。你看出托德是个怎样的人?——以钱取人,势利。

2. 第二句写的是谁?(老板)强调什么?——送。老板——献媚讨好。

对比板书:

"我"等托德——老板送"我"

第一次回扣课题读——这就是金钱的魔力!

三、走进人物——再识金钱的魔力

(一)托德的形象

1. 先找出描写他的语句:一处是对关于他尖酸刻薄的话语,一处是对他的表情描写。第一处只要学生体会到托德的傲慢无礼、尖酸刻薄就行,这里不细说。

2. 关于第二处对其表情的描写,我是这样教学的:

(1)先指名学生朗读,你眼前出现了一个怎样的托德?(眉开眼笑、见钱眼开,看见了钱后……)

(2)接着让学生默读此段完成以下练习:

①刚接过钱去时,_____就像_____

②向那张钞票瞟了一眼时,_____就像_____

③看清楚了那张钞票时，_____就像_____

讲到第 2 句时出示课件：一张火山边上凝固起来的熔岩图片，让学生通过具体可感的实物来理解这个恰切的比喻。

对第 3 句，学生可能会说："看清楚了那张钞票时，他再也没有了那份傲慢与神气，就像蔫了的茄子，毫无生气。"

也可能说："看清楚了那张钞票时，他的脸色大变，就像刚被领导批评过的犯错的职员。"

也可能说："看清楚了那张钞票时，他用仰视的神情望着我，就像见到了大财神一样。"

（3）指导朗读。

马克·吐温的描写就是与众不同，同一张脸在短短的时间里就有了这么多的变化。这都是因为有了百万英镑，这时第二次回扣课题读——这就是金钱的魔力！

（二）老板的形象——自读交流

1. 找出文中有关老板的各种描写，谈谈对人物的感受。完成_____的老板，并从文中找出依据。

2. 交流：惊喜万分、语无伦次、说话啰嗦、世故圆滑、见风使舵、毕恭毕敬等。

3. 小结：是什么使他变成了这样呢？——百万英镑，这时第三次回扣课题读——这就是金钱的魔力！

通过这一环节的自读交流，学生头脑中许多鲜活的词语就派上用场了，课标中也指出：语文教学要注重语言的积累、感悟和运用。学生在交流中感悟了人物的特点，也在运用中积累了词语。真是一举三得。

四、主题升华

1. 出示说话训练题目：

因为没钱，我_____，托德_____，老板_____。

因为有钱，我_____，托德_____，老板_____。这就是金钱的魔力。

2. 对金钱的魔力是否有了更新的认识？

3. 可是我要告诉同学们：生活中没钱不行，但钱也不是万能的，我们应该正视金钱，别做金钱的奴隶。

第三，准确提炼各环节任务、方法、效果。各个教学环节的教学任务、采用的教学方法、预期达到的教学目标，应该具体明确。提炼出各个教学环节的任务、方法、效果说明，不但可以为听者提供鉴别的便利，同时也可以用作说课者自我检查、分析教学程序诸内容，教学方法实施的安排是否明确、妥当、具体说明问题的重要指标。

《自然之道》说课稿

本节课我紧紧抓住三维目标中的"情感态度价值观"这个维度。以它为主线贯穿教学始终，以向导的第一次语言为切入点，提炼旅客们最初的好心和最后好心办了坏事这两条情感线，让学生在感悟情感的过程中体会违背了自然规律，有可能好心办坏事的道理。从而深入地理解向导最后发出的悲叹的真正含义所在，即对（出片）自然之道真正含义的理解。具体设计如下：

一、破题，切入向导语言（第一条情感线：好心）。

1. 在导入新课时，让学生在文中找含有题目的句子引出向导的第一次语言。

"叼就叼去吧，自然界之道，就是这样的。"（出示向导的语言）

（1）出片初读先让学生初读向导的话。此时学生并不知道向导为什么要这样说，是不带感情色彩的读。

（2）然后从句中抓关键短语体会情感，引出第三段的学习。

（3）最后再度体会情感。

我抓住"叼就叼去吧，就是这样的"这两个点进行感悟。

（幻灯）

（1）明确含义："叼就叼去吧，就是这样的。"分别指的是什么？

让学生明确:"叼就叼去吧"指的是嘲鸫叼幼龟。

(2)"就是这样的"指的是嘲鸫叼一只幼龟的头,企图把它拖到海滩上。

2. 概括段意:你能用一句话概括这段的意思吗?(也就是嘲鸫想把幼龟吃掉。)

3. 指导学生朗读:"你认为应该怎样读这段话?为什么要这样读?"让学生结合关键词"探、欲出而止、犹豫不决"体会当时情景的紧急与幼龟的危险,从而唤起人们想要救幼龟的心情。

4. 谈感受:"面对这种情况,你如何想?"也就是落实到好心。

5. (幻灯)向导的话:感受向导若无其事和冷淡的原因。

正在大家焦急万分的时候,向导是个什么态度呢?请你用书中的词概括。

挖空提示语让学生填写:向导却(　　　)地答道:"叼就叼去吧,自然界之道,就是这样的。"

填完后再读一读向导的话——"读完之后你有什么感受?"

"向导为什么有这样的态度?"对向导进行评价。

(此环节的目的,抓关键词入手,通过指导朗读和想象让学生体会到面对这种情况,大家自然而然便会产生怜悯之心,担心幼龟会被吃掉,出于好心,所以才会焦急地想去救那只幼龟。而向导若无其事和冷淡是源于他对于自然之道的了解。)

二、感悟。体会好心办坏事(第二条情感主线):

在前面理解了第一条情感线后让学生继续感悟第二条情感线:好心却办了坏事,导致大批幼龟的死亡。

问题导入:选择性地学习第 6 至第 9 段有关内容。通过"向导在大家极富爱心的劝说下极不情愿地将幼龟抱进了大海,后果如何呢?"以这个问题导入,让学生在第6~9段中寻找答案,引导学生找出以下三句:

(1)"很快引来了许多食肉鸟,这回它们可以饱餐一顿了。"

(2)"这时,数十只幼龟已成了嘲鸫、海鸥、鲣鸟的口中之物。"

(3)"一切都过去以后,数十只食肉鸟吃得饱饱的,发出欢乐的叫声,响彻云霄。两只嘲鸫仍静静伫立在沙滩上,希望能捕捉到最后一只迷路的幼龟作为佳肴。"

读读这些句子你有什么感受?(看到海鸟饱餐后的种种表现,让学生的心灵得到触碰,感觉当初的好心造成了这么严重的后果。)

让学生用一句话概括起来就是:大批幼龟受到伤害。

这时追问"究竟是为什么?"此时引出第6段的"向导抱走幼龟不久……于是争先恐后地结伴而行。"这段话,让学生读后追问"这种后果是谁导致的?"

(是我们)什么样的行为导致的?

"这样的行为也就是违背了什么?"几个层次的问题让学生再次感悟到如果我们违背了自然界的规律即使是好心也可能办坏事。

当学生理解到这一点后我出幻灯片:如果不是我们_____。

让学生根据刚才体会到的感受把上面的句子补充完整。再读一读,从自身的感受、体会由于好心却办了坏事后的后悔和内疚。有了这样的感情积淀再回到文中去理解人物的情感就很容易体会到了。

最后让学生谈"如果我们要不让这些海龟受到伤害应该如何做?"

(不能因为好心就违背了自然规律,违背了有可能就好心办了坏事。)

这时学生对前后两个情感线有了感悟,也感悟到了由于自己一时的好心却办了坏事,从而违背了自然规律,导致了无法挽回的严重后果,从而领悟这样一个道理:自然规律是不能违背的,否则就会好心办坏事。

三、升华理解,揭示自然之道。

1. 理解向导最后发出的悲叹:"如果不是我们,这些海龟根本就不会受到伤害。"

升华理解向导的悲叹:"如果不是我们,这些海龟根本就不会受到伤害。"
从两个方面加以处理:

(幻灯)

(1) 分析句中带点词的用法。(即语法知识双重否定表肯定。)

(2) 对比句:

a. 终于,向导发出了他的悲叹:"是我们,这些海龟才受到了伤害。"

b. 终于，向导发出了他的悲叹："如果不是我们，这些海龟根本就不会受到伤害。"

（引导学生体会两个句子虽然不同但表示的含义是一样的。第二句用了两个否定词，却表示肯定的含义即双重否定表肯定，然后让学生进行比较，从而感受第二句的带点词有增强语气的作用，更能表达出人物的情感。）

2. 理解向导话中的深刻含义。

理解含义：

（1）这触目惊心的一幕，使向导发出了这样的悲叹。如果你是其中的一位旅行者，你肯定也在自责，你会说什么呢？

出示句式：如果不是我们_____，_____就不会_____。

（2）在与动物的接触中，人类的哪些行为令你有同样的感慨？请你拿出笔写下来。

出示句式：如果不是人们_____，_____就不会_____，我们_____。

让学生结合上下文，说一说你是如何理解向导的话的？（即自然界之道的含义）

最后由对向导最后一句话的理解回到课题，总结本文的"自然界之道"究竟指的是什么。

四、走出文本，内化"道"理。

由文本走向课外延伸，不仅培养了学生的评价能力，还提高了学生的综合实践能力。

五、小结全文，结束教学。

以上就是我对本节课的整体教学思路，总结起来就是以情感态度价值观为主线，让学生从好心办了坏事两个层次，通过抓重点词句读书感悟、对比体会句子用法，最后感受自然规律是无法违背的，否则将好心办坏事，也就是自然之道的真正含义。

第四，教学进程体现学生学的过程。小学语文教学强调语文学习是学生习得语言能力的过程,是学生学习的过程,具有很强的实践性。所以小学语文教学程序的进程应该体现出学生知识学习从不知到知,从知得少到知得多,从知得肤浅到知得深入,从知到会,从会到能,从感知到体验,从体验到陶冶的过程。在阐述中,要说清在教学程序的进程中为学生提供了哪些主动参与的时空,实现学生的个体发展,促进各类学生都获得一定的发展和提高。

《"精彩极了"和"糟糕透了"》说课稿

(一)复习旧课,设疑导入

1. 谈话引入课题:板书课题、生齐读课题(读出对比的语气)。

2. 学生简述文章第一部分的主要内容。(课件出示相关内容)

3. 设疑导入:"我既得到母亲的赞扬,又受到父亲的批评,究竟成年后'我'对这两种不同评价有什么新的认识呢?"

(从课题入手,通过复习旧知,设下悬念,激发学生的阅读欲望,形成阅读期待。)

(二)精读课文,悟情明理

1. 自读课文,质疑问难

(1)提出要求:用自己喜欢的方式朗读课文第二部分,提出自己感兴趣或不懂的问题。(课件出示)

(2)学生自读课文并自由提出问题。

估计学生会提出以下的问题:

①"我不得不承认父亲是对的。那的确是一首糟糕的诗。"句中"不得不"一词说明了什么?

②作者为什么说"一个作家,应该说生活中的每一个人,都需要来自母亲的力量,这种爱的力量是灵感和创作的源泉"?

③"所以还需要警告的力量来平衡,需要有人时常提醒你:'小心,注意,总结,提高。'"这句话的含义是什么?

④作者为什么说"'精彩极了'也好,'糟糕透了'也好,这两个极端的

断言有一个共同的出发点——那就是爱"？

⑤成年后，作者为什么越来越体会到儿时是多么"幸运"？

⑥"'精彩极了'，'糟糕透了'……它们像两股风不断地向我吹来。我谨慎地把握住生活的小船，使它不被哪一股风刮倒。"这句话是什么意思？

……

（"学贵有疑，小疑则小进，大疑则大进。"引导学生学会质疑问难，是自主探究学习的关键，也是创新学习的开端。）

2. 归纳整理，引出重点

（1）师生共同梳理学生提出的问题。

（2）教师引导学生学会抓住关键性问题理解课文。（课件出示重点问题：成年后，作者为什么越来越体会到儿时是多么"幸运"？）

（在尊重学生个性选择的基础上，教师给予引导，引出关键的问题，让学生达成共识，使接下来的学习目标更明确。）

3. 合作探究，解决问题

（1）学生带着问题精读课文，自主探究。

（2）分小组合作交流，共同解决问题。

（3）小组汇报交流情况。其他小组补充，教师相机点拨并板书。（见板书设计）

4. 感情朗读，深化理解

有感情朗读课文第二部分，让学生在读中深化理解。（自由读、"开火车"读、教师范读、指名读、齐读……）

（从发现问题——提出问题——解决问题，体现"积极倡导自主、合作、探究的学习方式"这一教学理念，也真正体现学生在学习中的主人翁地位，使学生"动"起来、使课堂"活"起来。）

5. 现场采访，加深感悟

（1）激趣引入：同学们，今天，我们有幸请来了美国著名作家——巴德·舒尔伯格，也就是巴迪先生。大家想不想采访他？不过巴迪先生有一个要求（课件出示）：

①一个作家,应该说生活中的每一个人,都需要来自母亲的力量,这种爱的力量是灵感和创作的源泉。

②所以还需要警告的力量来平衡,需要有人时常提醒你:"小心,注意,总结,提高。"

③"精彩极了","糟糕透了"……它们像两股风不断地向我吹来。我谨慎地把握住生活的小船,使它不被哪一股风刮倒。

④我从心底里知道,"精彩极了"也好,"糟糕透了"也好,这两个极端的断言有一个共同的出发点——那就是爱。他请大家读懂上面的句子,并能针对其中一个句子向他提个问题,他才会接受大家的采访。同学们同意吗?那就开始吧!

(2) 学生自由读句子,领悟句子的含义,并想好准备提出的问题。

(3) 召开"'巴迪先生'记者招待会"。

①说明活动要求(出示课件:"巴迪先生"记者招待会):

a. 全班学生按意愿分为两组:一组当"小记者",一组当"巴迪先生"。

b. 采访时,"巴迪先生"回答"小记者"提出的问题,一个"巴迪"答不完整,其他的"巴迪"再补充。

②展开采访活动。

a. 把写着"小记者"和写着"巴德·舒尔伯格"的牌子分别摆放在其扮演者的座位前,"记者"的扮演者戴上记者证。

b. 教师示范采访。

c. 学生进行采访。(教师相机点击课件,对表现比较好的学生进行表扬)

d. 教师小结。

(4) 有感情地朗读重点句子,读中品味、加深感悟。(自由读、同桌互读、擂台赛读、齐读)

(创设"'巴迪先生'记者招待会"的活动情境,引导学生进行现场采访,意在激发学生的"读悟"兴趣,让学生主动去"读"、去"悟"。通过采访,师生、生生灵活互动,真正实现与文本间的对话,深化对课文的理解及感悟。)

（三）总结全文，拓展延伸

1. 出示要求：

（1）谈一谈：学了本文，自己有什么收获。

（2）说一说：把自己亲身经历过的或看到的、听到的类似巴迪的事例说出来，和同学们分享。

2. 小组交流、汇报。

3. 以诗作结。

（1）课件出示现代诗《教育与孩子》，同时播放乐曲《爱的奉献》。

（2）教师饱含激情地进行配乐朗诵。

（3）学生一齐配乐朗诵。

教育与孩子

敌视伴随着孩子，他学会争斗；

嘲弄伴随着孩子，他羞涩腼腆；

鼓励伴随着孩子，他信心倍增；

赞美伴随着孩子，他鉴赏有方；

认可伴随着孩子，他爱心常存；

分享伴随着孩子，他慷慨大方；

诚实与公正伴随着孩子，他领悟出真理与正义。

……

（这个环节的设计，从教材延伸到生活，进一步增进体验。以诗作结，既点明文章的主旨，又给人意犹未尽的感觉。）

第五，目标、教法、学法等前后照应。说教学程序，必须将教学内容的教与学的过程具体明确地进行阐述，这种阐述是遵循预设的教学目标，根据学情依据，选用的教法，训练的学法紧密结合的。所以，"说教材"、"说教法"、"说学法"中的内容，在这里都应该得到体现，并进行细化落实。有些教师在说课过程中，虽然先说了教法、学法，但在说教学程序时，原先说的这些教法、学法却不见了踪影或者被轻描淡写地带过，或者教学目标中制订的学习内容在说教学程序时得不到具体的体现，这是说课的重大忌讳。先前所确定的教学目标和教学方法、媒体手段的安排在教学程序的阐述中必须前后一致，具体落实，才能够发挥作用和功效。

以《去年的树》说课稿（节选）为例：

三、教法与学法

课标指出"阅读教学是教师、学生、文本三者之间对话的过程。"所以我采用了自读感悟、自主探究、合作交流、实践创新等方式组织教学。重点是促进师生、自我、生本三种对话方式的生成。这节课我重点研读的对话是放在小鸟去南方前和大树的一段对话。采用自由读和演读的方式，使学生在对话中感悟小鸟和大树的友情。剩下的三组对话都采取自主学习的方式。在小组练习的基础上指名读，让学生体会小鸟焦急的心情。把课文最后3个自然段作为学生重点感悟的段落。采用的方法是学生质疑，在感知的基础上能够入课文，与小鸟的情感一致。

采用自由读、找朋友读、表演读等方法，以读激情。让学生联系自己与好朋友之间的友谊，表演课文中那只小鸟，以此来体验小鸟的心情，实现学生与文本之间的对话。

四、教学过程

根据以上分析，我设计了以下几个教学步骤：

媒体激趣，导入新课；提出要求，自读感悟；演读课文，倾心对话；引导想象，补充对话；拓展延伸，多向对话；回归课题，升华理解。

我重点说一下突破教学重点、难点的过程。

（一）（略）

（二）（略）

（三）演读课文、倾心对话

1. 指导学习第一组对话

在初读课文的基础上找出对话，重点指导朗读第一组对话，引导学生通过结合生活中自己与好朋友的相处，抓住"我明年一定会回来的"体会，自由找朋友练读、指名读、男女生读，小鸟与大树的深厚感情。

2. 自主学习三组对话。

出示小鸟问的三句话：

（1）"站在这儿的那棵树，到什么地方去了呢？"

（2）"门先生，我的好朋友——树在哪儿，您知道吗？"

（3）"小姑娘，请告诉我，你知道火柴在哪儿吗？"

自由练读，指名读，感受小鸟一次比一次焦急的心理。

3. 角色体验，感知课文。

学生读着读着就被小鸟的真情感动了，请刚才在练习表演时演小鸟的同学上来："你们就是那只小鸟了。你们在教室里边飞边询问着你的好朋友大树，想让谁做你的配角跟你对话，你就可以在谁的跟前停下来。"学生就找小伙伴练读并在此基础上激发学生情感。"小鸟，你找到朋友大树了吗？找不到朋友，小鸟都快急疯了。让我们再一起读这三句话。"然后教师采访"小鸟"：可怜的小鸟，找不到朋友大树，你心里怎么想？你在心里呼唤大树是吗？怎么呼唤的？

通过让学生换位体验，把学生带入课文，文我一体，文中有我，我中有文，做换位体验，这是一种零距离的接触。

（四）引导想象、补充对话

当学生这种焦急的心情还没有回落的时候，我就引导学生进行最后三个自然段的学习。出示画面：村子里，煤油灯旁，两个好朋友相聚了。听老师配画面读课文后，学生质疑。引导学生抓住两个"看"字想象小鸟想对大树说什么？小鸟深情地注视着油灯的火苗，然后为火苗唱起了去年的那支歌。那是什么歌，你能知道吗？在学生深入了解小鸟心理后，将友情、诚信这个主题渗透到课堂中。

（五）拓展练习，多向对话

这时，让孩子们从文本中走出来再一次换位思考：想对谁说就对谁说。包括小鸟、大树、伐木人、小女孩，也可以是作者。引导说出多元、个性化的语言，如环保问题，奉献话题等。这样的设计，既为学生创设了口语交际的机会，又培养了学生积极、健康的情感，实现了语文工具性和人文性的结合。

| 板书设计 | 小鸟　　树　　好朋友
　　　　　　　　树根
小鸟　　大门　　找朋友
　　　　　　　　女孩
小鸟　　灯火　　唱歌
友谊、诚信、生存 | 板书设计 |

板书设计是课本静态的呈现，这样的设计既增强了直观性，有利于学生对课文内容一目了然，又增加了自主性，有助于学生对对话学习的自主选择，还揭示了本课的主旨。

二、"说程序"的原则

第一，程序设计的科学性。科学的程序设计是落实教学、达成教学目标的有效保障。所以在说课中，说课者在对教学程序的阐述中，应重点让听课者感受到：你的教材处理是最切合学生实际的，你的教学目标的制订是符合课程和学生学习进程的，你的教法选择和学法安排在教学过程中体现出了最佳组合，你的教学环节是循序渐进并符合学生学习进程的，你的练习设计能及时巩固学生所学并有益于拓展学习，你的板书设计有利于教学的展开和学生的学习，你的教学程序设计是简洁、高效的……整个教学程序设计科学、合理，有新意，有自己的见解，有利于学生的学习。其中的逻辑联系紧密，能实现教学目标。

第二，程序设计的目的性。整个教学流程和教学手段的安排目的性明确，教学程序设计的各个环节都指向自己制订的教学目标。说程序时，要将程序实施过程中，为了完成教学目标，各项教学实施的要素如教法、学法、媒体课件、练习、板书、示范等是如何鲜明地指向目标的完成，重点的解决，难点的突破等说清楚。

第三，程序设计的针对性。要说清为了达到预设的教学目标，应如何针对教学程序的各个环节（如导入、初读、细读、精读、品读、练习等等）组织教学以达到顺利展开教学流程，如何针对学生学习基础和能力的不同层次安排教学、训练内容，如何针对课文的实际落实媒体、课件辅助教学，如何针对合适的教学时机渗透学法指导、提高学习能力，如何在环节的转换过程中调动学生的学习积极性，等等。在说课中，应抓住其中的主要项目进行具体的阐述，这样可以使得整个教学程序的设计给人明确、具体、个性、创新的感觉。

第四，程序设计的计划性。任何一课的教学都不可能孤立地独立于其他教学内容之外，任何教学设计都要与教材的前后内容、学生的学习基础紧密联系。所以在说程序的过程中，应该让听课者透过对本课程序的设计思路，感受到该设计程序在单元主题学习中的作用或者前后联系。其次，在本课的教学设计中，各个环节的设计具有很强的联系性，后一个环节是前一个环节的必然延续。再次，对学生的训练，如思维训练、读书训练、习作训练等等，在本课的设计中也有着有效的计划安排。

第五，程序设计的预见性。由于教学的生成性意义及课堂的动态变化属性，教师不可能将教学流程凝固于自己的教学设计之中，所以对任何的教学程序设计，都必须留下变化的空间。这种变化的空间，要留足教师教学的预见空间。比如重难点的突破时，课堂练习的巩固时，学法实践的落实时等，可能会产生哪些问题？这些问题你预备如何引导？怎样解决？教师有效的预见性预设可以为教学达成目标起到意想不到的作用。

三、"说程序"的方法

说教学程序，就说课的内容而言，主要是说课堂设计的整体思路，是在什么样的教学思想、教学理念指导下设计教学的，强调说清"教什么？""怎样教？""为什么这样教？"围绕着整体的教学构思，具体说明主要的教学环节，着重阐述重难点的处理，说清突出重点，突破难点的具体有效的教学措施，另外介绍自己有特色的地方。就说课的目的而言，强调让听课者觉得你在阐述以上内容时思路清晰、理论充分，程序设计简洁明了、巧妙灵活、重点突出、做法得当、高效易行。要做到这点，可以从以下方面进行教学程序的解说。

第一，遵循目标安排教学环节。课堂教学的时间是有限的，这个有限的时空决定了教学程序的设计必须集中于本课的教学目标的实现这个主旨，不可能在有限的教学时空中设置过多的教学环节。所以说程序时，要紧紧抓住教学目标中制订的有关内容进行教学环节的设置，一般来说据此安排3~6个教学环节即可。由此体现出整个教学是在本课教学的基本目标指导之下进行的，突显教学环节的安排具有居高总揽的整体性。

第二，以主教法统领教学环节。一节课，应该有许多教法为各个教学细节服务，但是就全课的教学思路而言，只宜有一个贯穿全课教学主线的主要教法。在说课时，牢牢抓住这个主教法来统领教学的各个环节，也就突出了全课教学的主要思路，体现出教学的特色。既可以使得教学体现出较强的逻辑性，又可以将教学的各个板块主次分明地呈现出来，同时还可以较好地显现教学的延续性、训练的系统性，突出本课设计的特点，又容易形成教师的教学个性特色。

第三，以辅教法突出重点环节。每个环节的教学都有法可施，这些教法或多媒体、课件、板书等的运用都是为着这个环节的教学服务的。在说课中，可以结合环节将该环节中采用的教法进行适当的说明，以体现该环节的教学着力点。但是在对教学重点环节、难点环节进行阐述时，所用教法、学法的阐述应该明确、具体，将运用的时机、方法、进行清晰地说明，使得教学重难点的突破方式、解决效果在听课者脑中留下深刻的印象。

第四，用练学法拓展教学环节。教学是教与学双边的活动，每个教学环节的进展不但与教师的教紧密相关，而且与学生的学密不可分。在教学中安排学生的学法实践，既是教学的目标任务，也是拓展教学环节、获得教学实效的有效办法。语文学习方法多种多样，切合本文或者学生实际或教学时机进行学法环节的设置，可以有效突显教学程序设计学法方面的特色。

第五，依小标题交代教学环节。说课的目的，是使人轻松的听明白。教学程序有着多个环节的解说，如果不精心设计有关说辞，容易使听课者听不明白或者使之听得费力，这样容易使说课者的心血白费。所以用"先总述小标题，再分述教学步骤"的方式说教学程序的各个环节，可以使听课者获得更好的听说效果。列小标题应该语言凝练，并在小标题中交代清楚本环节教学的"内容、方法、目的"等要素。如"游戏引入，激发兴趣"、"自由轻读，读准生字"、"初读课文，感知内容"等，听者很简便地了解了你在这个环节教什么，用什么方法教，将达到什么目的。

第六，巧设练习增色教学环节。各种练习是小学语文课堂教学必不可少的内容。富有特色、有效的课堂练习不但可以较好地巩固学生的学习效果，促进学生的思维，拓展学生的视野，发展学生的个性，而且可以使得教学程序的设计表现出其特有的特色魅力。所以在说好练习、板书等设计上下些工夫，对于说好教学程序大有裨益。

四、 不同课型教学程序设计示例

（一）精读课文的说课

精读课文是小学阅读教学的主打内容，它通常由生字词教学、初读感知、细读梳理、精读感悟、品读赏析、练习积累、板书设计等环节组成。在这些环节的教学实施中，除了对基础知识、基本技能的教学落实之外，还有情感熏陶、学法指导等内容的渗透。

《山行》说课稿

一、谈话激趣，导入新课

1. 让学生自由诵读已学过的古诗，说说认识的诗人。这样可为后续学习营造氛围，激发学习的积极性。

2. 简介作者杜牧（著名诗人，最擅长写景），导入新课，以吸引学生的注意力。

二、明确目标，尝试学习

明确学习目标，可让学生知道通过这堂课的学习要学会什么，掌握什么，做到心中有数，有的放矢。五年级的学生毕竟不是第一次学古诗，他们已掌握一定的学习方法，形成了一定的基础，根据学生的认知规律和心理特点，先让他们尝试学习，开动脑筋积极思维，理解能独立学懂的知识，并发现疑难。这样可激发他们的求知欲，让他们迅速进入角色，化被动学习为主动学习。

三、扶放结合，引导学法

这首诗的一、二两句中生僻词多，学生理解起来难度较大，估计一般的班级能在"尝试"中学懂的人不多，所以采用"扶放"结合的教学方法，针对"尝试"学习所反映出来的疑难问题对学生进行"解字词，明诗意"的指导。

1. "扶"学生学习第一句。

先运用不同手段突破"远上"、"斜"、"寒山"这三个难懂词的意思。注："远上"用"联系实际，展开想象"法。

"斜"用"简笔画演示"法。

"寒山"用老师"介绍"法。

再幻灯出示训练："一条石头小路_____。"

指导学生串讲句意。

最后总结学习方法："先解字词，再串句意。"

这样"扶"着学生，其目的是为了在"方法"上教学生"如何学"。

2. "半扶半放"引导学生学习第二句。

先指导学生看教学挂图，启发想象，出示训练："几户人家在白云_____的地方"来突破"生处"这个难点。

再让学生试着自己串讲句意，教师点拨纠正。

3. "放手"让学生自学第三，四句。

第三，四句跟第一，二句相比，意思浅显易懂，况且通过第一，二句的教学，学生掌握了学习方法，大多数同学能自己学懂。

这样，让学生分成四人小组进行讨论学习，然后汇报，教师了解反馈，及时纠正。

4. 让学生串讲全诗意思，进一步加深理解。

四、品味想象，欣赏意境

欣赏意境是学生在理解诗意的基础上的进一步提高，也是有感情地朗读训练的前提，是古诗教学的关键。我采用两种方法对学生进行意境欣赏的指导。

1. "紧扣词句"。让学生读全诗，说说哪些词语用得好。

这些词让你想到一个怎样的画面？（提供"像"、"简直"等词帮助学生描述。）

2. "想象漫游"。

提示：此时，你也来到了寒山脚下，枫树林中，你看到了哪些美丽的景物？你有什么感想？

这样进一步强化了词义句意的理解，强化了学生对古诗内容的印象。而且让学生在品味词句，想象漫游中体会大自然的美景，受到了美的熏陶和教育。

在此基础上再让学生创造性地说说全诗的内容，从认识上得到提高。

五、指导诵读，品读诗韵

古诗节奏鲜明，音韵和谐，诵读起来琅琅上口，学生一般都能进行正确地朗读，但往往读不出意境，读不出美感。如何使学生"读得美"，且"读得其法"呢？我这样设计去引导学生：

1. 学生尝试，获取体验。（读读看，风景这么美，语句这么美，怎样才能读得美呢？）

2. 学生汇报，教师归纳，教给方法：

（1）带着赞美与热爱的感情去读。（确定基调）

（2）读出节奏感。

分辨重音 区别语调 划分节奏

3. 改变形式，反复诵读。

（范读——→齐读——→个别读——→小组读——→扮演角色读）

六、课堂总结，布置作业

这堂课的设计，突出"词义句意理解"和"意境欣赏"这两个训练点，以"学法指导"为主线，注重智力与技能的培养，发挥学生学习的主体性与参与性，先试后导，先练后讲，让语言文字训练和审美教育真正落到实处。

（二）第一课时的说课

精读课文第一课时的教学通常以基础知识、基本技能的学习为主，同时指导学生学习课文中的有关学习方法，积累自我学习经验。说第一课时的教学程序应结合课时、学生、教材特点，体现教师导读、学生仿学的特点，达到感知课文主要内容、梳理课文脉络的目的。

《和时间赛跑》说课稿

一、质疑定向

爱因斯坦说过："问题的提出往往比解答问题更重要。"由于文章题目就是文章的文眼，所以上课伊始，我就引导学生从题目入手质疑，提问：读了课题，你有什么问题要问？这时学生会提出：谁和时间赛跑？为什么要和时间赛跑？时间又不是人，"我"为什么偏偏要和它赛跑？"我"是怎样和时间赛跑的？结果怎样等问题，我针对学生提出的问题进行归纳总结，概括为以下三个问题（出示问题）：

1. 时间又不是人，"我"为什么要和它赛跑？
2. "我"是怎样和时间赛跑的？
3. 时间又不是人，"我"为什么偏偏要和它赛跑？

问题确定后我让学生选择最想探究的问题，自由结合组成探究小组并迅速确定每个人的角色。这样就为下边的理解和探究做好了铺垫，使探究确定了方向。

二、探究体验

探究定向后，我用信任而带鼓励性的语言引导学生反复读文，自主探究，学生在寻求答案的过程中难免碰壁或者片面，这时我再让学生小组讨论，学生由自主探究转为合作探究。

学生通过读文自主探究、小组合作探究明白了：如果时间能停下来，外祖母就不会去世；如果时间能停下来，爸爸还会拥有童年，"我"也会回到昨天，我更不会有一天也像外祖母一样永远不能回来；如果时间能停下来，明天还会看到今天的太阳，鸟儿还会飞过今天的飞行路线，然而这一切都是不可能的。并从这些普普通通的生活事例中体会到了时间的一去不复返。学生在对文中"一寸光阴一寸金，寸金难买寸光阴"等谚语的探究理解中体会到了时间的珍贵。

学生通过自主探究、合作探究之后，问题基本明朗化，这时进行全班交流，有中心发言人代表小组进行发言。我根据学生汇报情况相机板书，并及时出示下列重点句子：

（1）所有时间里的事物都永远不会回来了。

（2）一寸光阴一寸金，寸金难买寸光阴。

(3) 光阴似箭，日月如梭。

(4) 虽然明天还会有新的太阳，但永远不会有今天的太阳了。

新课标要求语文教学要加强对学生进行朗读训练，不但要从朗读技巧上指导，而且要引导学生入情入境，表达出思想感情。所以在学生探究理解过程中，我及时引导学生进行朗读体验，（比如：①用悲痛的语调读第1自然段，体验作者的悲痛和时间的无情；②用稍慢、无奈与沉重的语气读第4自然段，体验时间的短暂与无情；③用稍快而又兴奋的语调，体验我跑赢时间的兴奋和喜悦。）

由于这三个问题相对独立，内涵辐射全篇，教学顺序可根据学生的汇报情况进行调整，以保护学生的主体意识，使他们能够畅所欲言。

新课程标准要求：语文课要具有开放性和探究性，要扩大学生阅读面，所以在学生读懂课文内容并理解体验后，我再让学生交流搜集的有关珍惜时间的名言警句，并谈自己的理解，这样课堂上你争我辩，气氛活跃，既开阔了视野，又培养了学生的思维。

在学生探究体验后，我再引导学生读文章最后一个自然段，并结合实际进行反思升华，使教学进入第三个阶段。

三、反思升华

教学时，我从以下几个方面引导：

1. 作者写出了这么好的文章，可见是一位出色的文学家，如果他不和时间赛跑，他会在文学上取得成功吗？

2. 假如有一天你也和时间赛跑，努力学习，并在某一个方面取得了成功，你是不是也会感到和时间赛跑其乐无穷呢？

3. 说说自己和别人浪费时间的一两件事，并就此谈谈你的感受。

学生通过反思，明白了不珍惜时间就不会事业有成，和时间赛跑是人生中的最大乐趣，而且懂得了今后该如何珍惜时间，为培养学生珍惜时间的习惯奠定了基础。

四、布置作业

新课程标准要求中年级学生能不拘形式地写下见闻和感受，并引导学生观察社会、观察人生,为体现这一指导思想并突出语文教学读写结合的宗旨,同时也为了强化学生珍惜时间的价值观念和情感态度,我安排如下作业:

1. 以《时间你是我的亲密伙伴》为题,谈谈你浪费或珍惜的时间及感受。

2. (1) 从报刊、电视、网上或生活中搜集:哪些人被誉为走在时间前面的人?他们有哪些动人事迹?(2) 列举生活中的具体事例说说一分钟可以做哪些事?

五、板书设计

学生在讨论探究中,我相机板书,我的板书是这样的:

```
板书设计                                              板书设计

          3. 和时间赛跑
          ～～～～～～

     外祖母去世:哀痛万分 (起因)
     和时间赛跑:兴奋无比 (经过)
     假若……就……  (结果)
```

这个板书一方面展现了文章的主要内容,一方面展示了文章叙述顺序,为下一组了解文章的顺序这一训练重点做好了铺垫,同时也反映了作者珍惜时间价值观的形成过程和情感态度的转变过程。

(三) 第二课时的说课

第二课时的教学任务以引导学生感悟课文内涵、体会课文写作方法、拓展对比阅读为主。所以说教学程序,应以体现学生学习阅读感悟、揣摩写作方法等线索渐次展开。

《恐龙》说课稿

一、问题引路，激趣导入

为了让第一课时和第二课时能有较好的衔接，复习上节课的所学，是很有必要的。

1. 问题引路：通过上节课的学习，你对恐龙有了哪些了解？让学生谈谈通过上一课所学后的收获。

2. 引入新课：在学生谈到恐龙所生活的环境时，借助大屏幕，出现恐龙所生活的环境，告诉学生：下面，让我们一起再次走入两亿年前的那一片片原始大森林，寻找恐龙的足迹。这样，使学生自然而然地进入了愉快的学习情境，激发了学生的学习兴趣，也明确了本课的学习目标。

二、合作交流，突破重难点

和学生一起走进《恐龙》。

在这一部分教学里，采用以读为主，以读代讲的方式引导学生抓住重点词语和关键句子（读的方式有：个人读、小组读、小伙伴合作读、齐读等），感受课文语言文字运用的精确。通过读书，引导学生感受作者是如何介绍恐龙的。

通过朗读，使学生真切地感受语文课就是学习阅读、享受阅读！在读中感悟，在读中培养良好的语感。

第2～4自然段围绕恐龙的种类很多，形态千奇百怪，这是全文的重点段。通过朗读感悟，借助现代信息技术平台，解决本课的重点：作者是如何介绍恐龙的。

1. 先让学生自由读课文，认准分别写雷龙、梁龙、剑龙、三角龙、鱼龙和翼龙、霸王龙的句子，在读中体会作者是怎样通过语言文字来描绘不同种类恐龙的不同外形。让学生在逐词逐句阅读中理解行文中多处运用比喻方法进行的描述。

2. 先引导学生学习"雷龙"。

图片展示：在"恐龙家族"中展示"雷龙"的图片，接着在文中找出有关雷龙的句子读一读,并思考为什么叫它"雷龙"呢?雷龙的特点到底是怎么样的呢?用自己的语言描述。

图片对比:然后在雷龙的脚步声中,把庞大的雷龙形象图放大,边上再配上大象的图片,让学生说说,写雷龙时作者用了什么方法呢?除了打比方,还将雷龙与生活中能见到的大象做了一个生动的比较呢!

学生既读懂了课文,也掌握了写作方法,一举两得。

3. 读文体会其他恐龙。

结合"恐龙家族"中的恐龙图片来学习课文中所写的其他恐龙。学生以小组的形式交流知识、总结方法、发现问题、寻求解决的途径,师生互动,生生互动,加深对恐龙的印象。

读懂课文的基础上,让学生以小组准备,以恐龙的身份作"自我介绍"。在学生的自主交流中,进一步明确作者运用了多种方法来介绍恐龙。

三、拓展设疑,留有余味

爱因斯坦曾说过:"想象力比知识更重要,因为知识是有限的,而想象力概括着世界上的一切,推动着进步,并且是知识进化的源泉。"前面相关恐龙知识激起了学生浓厚的探究兴趣,播放一段有关恐龙生活、灭绝的录像一定能把学生的探究欲望推向高潮。恐龙的灭绝到今天还是一个谜,放手让学生通过浏览"恐龙之最"、"恐龙之谜",为学生提供"中华恐龙园"、"恐龙博物馆"、"恐龙世界"的超级链接,搜集资料,以自己的观点猜测一下恐龙是怎样灭绝的。课堂时间不够,布置学生找出更多的资料来充实自己的猜测,培养学生自主学习和查阅资料的能力。

我在整堂课的教学设计中充分利用网络的优势,集中体现自主、合作、探究的教学理念,让学生在网络这一特殊的环境中进行研究性学习,激发学生的潜能和自主性,使他们在主动、互动、创造性的语文实践中培养收集、整理、交流信息的能力,最终实现综合能力的发展。

(四) 第三课时的说课

第三课时的教学通常以练习从第二课时学到的写作方法进行习作练笔为主，或者进行有关主题的拓展型综合性学习。也有因为课文较长，而将第二课时的部分内容移到第三课时，结合进行读写结合练笔的。

《月光曲》说课稿

课时安排：3课时

第一课时：初读课文，学习生字新词，了解课文大意，理清文脉，并学习第1段。

第二课时：按课后练习1的问题细读课文的第2段，初步感受文章的思想感情，然后归纳课文的主要内容。

第三课时：指导有感情地朗读课文，背诵第9自然段。总结课文，句段练习，进一步感受《月光曲》美的意境。利用想象，进入角色，读写结合。

（第一课时）

一、音乐导入，揭示课题。

二、初读课文，了解大意。

三、抓住句眼，分清段落。

四、根据目标，设计作业：

1. 语文作业本的第1、2题。

2. 用"券、恬、音、键"等形近字组词。

（第二课时）

一、研读课文，入情悟境。

二、根据目标，设计作业。

（第三课时）

一、入情入境，指导朗读

1. 师以形象的描述，先将学生从《月光曲》谱成的传说中转入有表情地朗读课文。

（1）先让学生明确朗读的基本要求，然后简要交代朗读课文开头和结尾的技巧。

（2）重点指导贝多芬为盲姑娘弹曲子这部分。

借助投影（出示贝多芬和兄妹俩的对话），学生练读→讨论→师点拨→生有感情地读，重点领悟两个"您"及叹号、问号的作用。

（通过朗读，训练学生的语感，体会两次的对话所体现的文章的思想感情。）

（3）在引导学生朗读第9自然段中，根据文中描写，借助简笔画，创设情境，便于学生悟境。

a. 结合"联写"部分的三个画面："月亮初升的"，"月亮越升越高，穿过一缕一缕轻纱的微云"及"海面上刮起大风，卷起了巨浪"，体会"缓慢舒畅→轻松明快→雄壮激昂"的情感变化。

b. 带学生进入课文角色后，再朗读文章的"写实"部分（通过男、女生对"写实"、"联想"部分的朗读，为下一步的背诵理清了思路）。

2. 背诵第9自然段。

背诵前，让学生回顾已学过的两种背诵法，并指出本文宜按"提纲背诵"，然后尝试背诵。

在细读中悟境，于悟境上背诵，既完成了教学目标之一，又突破了难点。

二、感情朗读，小结收获

让学生分角色有感情地朗读全文后，进行小结收获，如让学生说说学到了什么，有什么收获等，最后让学生提出学习中的疑惑之处。

（通过谈收获，检测学生对教学目标的达成程度，让学生提出问题，及时补救反馈，以培养学生质疑问难的习惯和能力。）

三、学习创新，设计作业

※创造性描述：1. 贝多芬回到客房记录《月光曲》，当时他可能怎么写？怎样想？根据以上内容练习写一段话。

2. 学生描述。

（通过描述，发挥学生的想象力和逻辑思维的能力，使文章的主题得以升华。）

四、板书（略）

（五）阅读课文的说课

阅读课文的教学主要以学生在课内自主学习的方式进行。所以说阅读课文的教学，应抓住"自主"、"合作"、"探究"、"学法"这类核心要素进行。它的教学设计通常由"激趣引入"、"自主学习"、"合作探究"、"深化感悟"、"拓展延伸"等板块组成。整个学习的过程应该体现出学生自读、自悟、自议、自得、合作、交流等特点。

《山雨》说课稿

一、谈话引入，激起学习兴趣

1. 大家看看窗外，地上湿漉漉的，昨晚一定是

你们喜欢下雨吗？

2. 看来大家对雨有着不同的看法，今天我们一起去欣赏一场奇妙的雨——山雨（板书）。

3. 学生写课题。把自己写的课题读一读。欣赏了这场雨，也许你对雨会多一份新的感受。

二、自读提示，初步感知

打开书，自己读读阅读提示，（点课件）看看你能读懂什么？

三、初读感知，梳理脉络

我们跟着作者一起走进这场山雨，用你喜欢的阅读方式，把课文读正确，读流利。想想作者是按怎样的顺序把这场山雨介绍给我们的，主要介绍了山

雨的哪两个方面？

四、自主学习，尝试感悟。

1.（课件出示雨前景象）：请看！你能用文中的语句描述一下你所看到的景象吗？学生朗读一段。

听了他的朗读，你感受到了什么？（抓住词、读体会）让我们一起用读书声请出山雨，让它悄然无声地来到、让大家都无法发觉。（学生读）

2.（自学雨中）：听了你们的朗读，我已经感受到了山雨飘然而至，孩子们让我们一起走进雨中，你可以去听听山雨的声音，也可以去欣赏雨中的颜色，通过朗读把你听到的声音或者欣赏到的颜色美美地展现出来。

3. 小组交流。（把你听到的山雨的声音或欣赏到的颜色在小组里读一读，再说说你的感受。）

4. 集体汇报。说到哪句点哪句。

"沙啦啦，沙啦啦……"

（1）（谈感受）当你听到山雨的声音，心情怎样？

（2）这么动听的雨声我们一起去听听吧！（点课件）

（3）和着山雨的声音，我们一个大组，一个大组接力读读吧！（在雨声中再读一读）

"像一曲无字的歌谣，神奇地从四面八方飘然而起，逐渐清晰起来，响亮起来，由远而近，由远而近……"

（1）（几个学生谈感受）

（2）听，一曲无字的歌谣，神奇地从四面八方飘然而起，（点课件）我能感受到这山雨是无字的歌谣，那样动听，你能感受到那是怎样的歌谣吗？（学生说）说到神奇，它会是怎样神奇呢？

（3）是的，的确是____的歌谣。把你们感受到的歌谣读给同桌听听吧！谁来试着读读？（可以请同学老师一起读）听了他的朗读，你又有什么新的感受？（好。再请，不好，示范读）

（4）喜欢这无字歌谣的孩子一起来读一读。

"雨声里，山中的每一块岩石、每一片树叶、每一丛绿草，都变成了奇妙无比的琴键。飘飘洒洒的雨丝是无数轻捷柔软的手指,弹奏出一首又一首优雅的小曲,每一个音符都带有幻想的色彩。"

(1)(学生谈感受)

(2)真是动人的乐曲,(点课件)我也想和你们一起弹奏这首小曲,你们是琴键,我就是轻捷柔软的手指。第一个逗号(1)组读,第一个顿号(2)组加进来,第二个顿号(3)组加进来,后面的(4)组加进来全班一起读。(配合读。)你觉得咱们一起演奏的曲子怎么样?(学生说)

(3)相信你们还能弹奏出更美的旋律。赶快和同桌一起演奏演奏,然后互相说说你又想到了什么?(你会幻想些什么?)

"阳光下,山林的色彩层次多得几乎难以辨认,有墨绿、翠绿,有淡青、金黄,也有火一般的红色。在雨中,所有的色彩都融化在水淋淋的嫩绿之中,绿得耀眼,绿得透明。这清新的绿色仿佛在雨雾中流动,流进我的眼睛,流进我的心胸。"(谈感受)

(1)(点课件)正像你们说的一样,阳光下的山林色彩斑斓,雨中的山林一片嫩绿。(引读)瞧,阳光下,山林的色彩层次多得____有____有____也有____,然而雨中的山林,所有的色彩都____绿得____,这清新的绿仿佛在____流进____流进____。

(2)听出来了,这清新的绿色已经流进了你们的眼里、流进了你们的心里,我多么希望你们用优美的朗读声让绿色也流进我的眼里,流进我的心里,可以吗!学生再读。

(3)此时,我和作者的感受一样,(点课件)我们的记忆____宛若一张干燥的宣纸,这绿色随着丝丝缕缕的微雨悄然在纸上化开,化开……你们的感受又是怎样的呢?同桌互相说。请学生说。

(4)我建议我们一起再读读吧,让我们此时的记忆在脑子里化开,化开……(一起读)

"不知什么时候,雨悄悄地停了,山雨过后,又会是怎样的画面呢?赶快去读读吧!"(汇报)雨后是怎样的画面?

(1)鸟的歌声为什么那么动听?它会唱些什么呢?谁能用轻松愉快的朗

读把小鸟的歌声引出来？（读后点课件）雨后的景色多美啊，喜欢的孩子，一起读一读吧！

（2）雨滴。点课件，一起来演奏。

五、拓展阅读，丰富积累。

孩子们，如果你们能热爱身边的大自然，用心去看每一处景物都会似人间仙境。用心去聆听每一个声音都会是优雅的乐曲。作者赵丽宏把雨声比作音乐，散文家朱自清眼里的雨又是怎样的呢？一起来看看。（点击课件。）

这是老师眼里的雨，（师读）那么你眼中的雨又是怎样的呢？用几句话写下来吧！可以用自己的话写，也可以摘抄课文中和课外你收集的语句。

板书设计	声　音 山　雨 颜　色	板书设计

第八章　说课过程中的注意事项

小学语文说课是一项活动，也是一门艺术。它是用"说"的方式，把自己的教学思想、教学理念预设于特定的教学程序，并用充足的理论作支撑，"说"给同行、专家听。既要说操作、更要说如此操作的理由，是从理论层面上对自己的教学进行解析和阐述。所以，在说课的过程中，要注意以下方面：

第一，说课不是备课，所以不能把说课当做普通的教案解说。有些缺乏说课经验的老师，把说课视为说教案，按照教案中的教学流程把教学步骤一步一步地说给评委听，没有任何的理论依据做说明。备课，是进行具体教学准备为主，是为施行教学的过程做好按部就班的准备工作，备课者，是施工员。而说课，是在理论层面的预设，是用充分的理论依据来解说自己的教学设计，他不一定需要进行教学的实施准备，说课者是设计师。

第二，说课不是上课，所以不能把听众的身份搞错。听你说课的是你的同行、专家，别把他们当做你的学生。台下坐着的是和你一起研究这课该怎么教的同行或者评判你教学研究能力的专家、评委，他们要听的不是你对他们进行知识传授，而是听你阐述你用什么理论教、教什么、怎样教和为什么这样教的思维过程。有的老师把说课视作是"上一堂小课"，把评委当做学生，把"说课"变成"缩课"，变成上某个课的小环节，甚至在说课中不断地对评委、听课者使用"是不是"、"行不行"、"对不对"、"……啊"、"……吧"之类平时上课使用的问句、口头禅语言等等。在竞争性说课活动中，如果出现这样的说课，那么可以这样说：说课虽然才开始，但是已经结束了。

第三，说课不是读课或背课，所以不能在现场一字一句地"读"或"背"事先准备好的说案。台下坐着的同行、专家或者是和你一起研究探讨这篇课文该怎样上才更好的，或者是借某篇课文对你的知识水平、教学能力、研究能力、思维方式等进行一番考核，不是了解你的读书、背诵状况的。说课，不要把眼睛盯在说课稿上，不要把思维停在说课稿中，而要围绕着"说"这个字，通过向评委阐述，自如地展现你的学识、经验、观点、理论水平和思维状况，以求与台下的听众进行经验的交流、思想的碰撞，获得预想的说课成效。

第四，说课不是平均用力，所以说课要主次分明、详略得当。通过说课，除了可考察教师的素质是否良好，还可考察说课教师的教学观点是否正确，阐述的条理是否清晰，设计的环节是否有效，表达是否流畅。故在内容的表达方面一定要有重点，有层次，有理有据地展开。说课过程中，虽然涉及教材、学情、目标、重点、难点、教法、学法、教学程序的分析、理论解析等等，点多面广，但是依然有阐述的重点，不能"撒胡椒面"似地平均用力。在说清"教什么？""是什么？""怎么教？"的前提下，重点说好为什么"这么教"。在说清各个环节的基础上，重点说好教学程序实施这个环节，做到环环相扣，以理服人。

第五，说课不是随意发挥，所以说课的过程要有较强的时间观念。说课的时间一般在十几、二十分钟，说课设计到的内容通常较多较杂，所以在说课活动中要十分注意掌握好说课的节奏，尤其在竞争性说课过程中，要自始至终控制好节奏，语速要前后一致。说课前针对规定的说课时间进行练习，以便心中有底。在说课中，按规定时间说课，避免在说课中出现"拖课"、"前松后紧"或"先紧后松"等现象，做到整个说课过程节奏统一、不慌乱、不紧张，在规定的时间内有条不紊地说完该说的全部内容。"拖课"，拖的是评委的宝贵时间，伤的是你的说课成绩，因为如果你不是说得极其优秀，那么这"拖课"现象会再补上更致命的一刀；而说课中的"前松后紧"或"先紧后松"现象，首先影响的是说课者自己的说课心境和情绪，并由此影响说课的效果。

第六，说课不是进行教学理论堆砌，所以，说课要强化理论联系实际，要进行具体的教学阐述。说课，是说课的"理"，它强调运用正确的理论去支撑自己的教学设计，但绝不是将教育教学理论简单地"搬"到自己说课稿中堆砌起来唬人。说课应将理论化于教材、学生、教师、教学程序之中。既要注意防止教学理论肤浅、就事论事、不能支撑教学设计的现象，也要防止生搬硬套教学理论使得理论与教学设计"两张皮"现象，避免脱离教材、学生、教师、教学程序而空谈理论。语文说课活动中，在说教法、学法的选择与安排之中，这类现象尤其严重，不少教师将多种多样的教法、学法（有的甚至是互相矛盾或者互不相干的方法）罗列、堆砌于"说教法"、"说学法"的环节之中，而不做任何解析与理由阐述，这样的理论堆砌，在说课中实际意义不大。

第七，说课不是简单的模仿，所以，说课要把自己的教学个性和创新思维呈现于人。我们教的教材是相同的，但是并不意味着我们的教学设计就可以相同，毕竟，我们教师的素养，教学的思考，学生的学情，教学的目标等等是不同的。所以，教师在说课中应该借此平台说出自己的教学个性和独特的创新思维，这也是在竞争性说课活动获得较好效果的条件之一。只有特色才是无价的，只有个性才是闪光的，只有创新才是最可贵的，简单地寻找一个可供套用的说课模板去说课，正如"似我者生，是我者死"所言，多数并不能获得最好的成效。

第八，说课不是顾头不顾尾，所以，说课要注意所说内容的前后照应。我们抓住教材的哪项特色进行解读和处理？我们制订的教学目标是什么？我们选择的教法是什么？我们安排的学法有哪些？这些内容在教学程序的阐述中应明确无误地表达出来。许多教师的说课，往往前面各个内容的安排、组织都说的不错，似乎头头是道，没有瑕疵，但是，当说课进入到教学程序或板书、练习设计这些环节时，原来所说的教材、目标、教法、学法等等，此时或者没了影踪，或者与原来所说毫无联系。教学程序，是说课各项内容的总载体，教材处理的特色、教学目标的实现、教法学法的落实，都应该在这里得到具体的落实与体现。

第九，说课不是拉家常或者演讲，所以，说课用语要语气得体、简练准确、有感染力。说课，是使用语言的艺术，它将自己的思想用肯定、严密、生动的语言表述方式征服听者。要对课文进行解析，对教学进行阐述，取得简明、准确、条理清晰的效果，必须讲究适当的语速、有效的音量、简洁的语言、严谨的用词。在小学语文说课中，准确、精炼、自信、激情的语言不但能使听者获得说课内容的具体信息，还能使听课者感受到说课者的自信和能力，从而获得感染，激起听的兴趣，引起听的共鸣，集中听课者的注意力，甚而使得听者从你的语言中推测你的课堂语言吸引、引导学生的程度。语文说课，不是激情演讲，而是教师教学思维的展现过程。所以说课的语言表达应以简练干脆，富于逻辑性的语言阐述为主，在准确严谨的基础上做到语调灵活多变，语气连贯紧凑，语言过渡自然，符合所说内容的需要，如教材、教法、学法等用略慢的语速说，教学目标、重、难点用重音强调等等。假如在说课的过程中采用低弱的语音、沉闷的语调、拖沓的语句、口语化的言辞、煽情的语言，那么，说课基本不能获得成功。

第十，说课不是才艺表演，所以，除了严谨的语言表达和简洁书写之外的其他基本功，在说课中都只能谨慎地展现。教师的才艺是使教书走向更高层次的基础，是教学的基本功，但不是说课的内容和要求。说课，需要说的是你的思想、经验、观点与教学理论的交集与融合，是在教学的预设中，寻求怎么用教育教学的理论为你的某堂课实现高效教学服务的。所以，教师如果把说课引向自己的才艺展示或者表演，那将是十分危险的。

第十一，说课不是时装展示或受戒戎装，所以，说课应该风度翩跹、仪态大方、微笑自信地投入其中。不化浓妆，应该素面淡雅；不蓬头垢面，应该阳光清爽；不着装暴露，应该端庄得体。在竞争性说课中，说课教师走上讲台的过程、站立说课的姿态也是竞争的一个因素。挺拔宜人、精神抖擞、庄重大方、文明礼貌的第一印象，是教师必备的基本条件，也是说课者应展现的风度。

第十二，说课不是纯粹的独角戏，所以，说课应该善于同听课者进行交流，用良好的交流增加征服听众的筹码。说课者与听者的交流，主要是眼睛的交流。说课者应该略带着一种庄重而不拘谨、严肃而不呆板、自信而不做作的眼神阐述说课的内容，并透过这种眼神充分地与听课者进行思想的交流。

其次，说课者与听课者的另一个交流法宝是微笑。面带微笑地说课，能够给自己紧张的说课心理减压，同时也给了听课者一个轻松的心境，他们不会为你的紧张而捏一把汗。结合说课阐述的进展，少量、得体的姿态、表情、手势等的变换，也是一种交流的形式，在说课中轻松、自然、洒脱的展示，也能获得一定的交流效果。

第十三，说课不是接受审判，没有说课位置的强制限定，所以说课者应该选择最合适自己的位置进行说课。走上讲台，只要在听课者对面，一定有一个最适合自身的表达位置：它会和听者有一定的角度、距离，但是却是最便于你用眼神和听众交流，最能使你心理感受到宁静的状态。从进门开始，感受它，找到它，并在那儿站好了说课，你就能更加轻松地发挥出自己的水平。如果在说课过程中过于随意地走动，要想获得说课的成功，是困难的，有时甚至是致命的。

第九章 小学语文常用教法及选用示例

一、问题教学法

"课堂是生命相遇、心灵相约的场域,是质疑问难的场所,是通过对话探寻真理的地方。"陶行知提出,创造始于问题,有了问题才会思考,有了思考,才有解决问题的方法,才有找到独立思路的可能。意大利著名的诗人但丁说过,爱真理,更爱问题。因为,问题是学问的奠基,是思想的开启,是成长的命义。

张文芳老师写到,我们在进行教学时,要克服"满堂问"的现象,培养学生"会问",关键在于教师要抓住"主问题"进行提问,多为学生提供高质量的问题范例,学生就会在教师的问题的潜移默化中学习这些问题的发现以及思考的范围,从而缩短自己产生有创造性问题的时间。例如:《凡卡》一课长达 6 页,要让学生在一节课中能较好地掌握,其难度可想而知。但只要我们在教材的处理上,能狠抓一两个主要问题,大胆地舍去其他问题,那样的话就轻松了很多。我在教学时是这样处理的,也许能给自主教学的提问模式带来一定的启示。首先师生共同制订本课的学习目标:一、理解本文围绕中心安排详略的特点;二、学习本文通过语言、动作、心理活动描写表现人物性格特点的写法。其次启发学生思考:"文章中哪些内容令你很悲伤,哪些令你有些气愤呢?"通过这个能够贯穿全文的主问题,激发起学生强烈的感情。有的学生说:"凡卡真是个可怜的孩子呀!在鞋匠店做学徒,饱受所有人的欺辱与摧残，真令人气愤呀！"有的学生说："凡卡是多么的愚蠢，他怎么能认为自己的信可以寄出去，他的爷爷怎么也不救救他呢？"一石激起千尺浪，学生们在很好地理解课文的同时，积极地发表自己的看法，有感动的，有悲伤的，有同情的。更有的同学说："我们不能全怪他的爷爷，虽然他送走了凡卡，可是他是多么的无奈，谁家爷孙的感情不好？这是当时残酷的社会造成的呀！"一个好的问题能使学生少走弯路，教师可以在此基础上给予学生榜样的指导，让学生学习该怎样提问，又该如何发表自己的见解，这样学生在今后的学习中便能经常提出精彩的问题。

肖川教授提出："在哈佛大学师生中流传着一句名言：教育的真正目的就是让人不断提出问题、思考问题。问题也就是思想的资源，我们思想的推动力，也就是我们心灵的财富。"余文森教授提出，问题是科学研究的出发点，是开启任何一门科学的钥匙，是思想方法、知识积累和发展的逻辑力量，是生长新思想、新方法、新知识的种子。

二、 自主探究教学法

美国著名的教育学者欧内斯特·鲍伊尔说道，不管人们如何争论，一所学校必须是一个以探索为荣，而不是照本宣科来审视价值观念的地方。美国著名的教育家杜威认为，除了探究，知识没有别的意义。……当指出那种未确定的情境中的各种要素，使它们成为一个确定的情境，最后成为一个统一的整体时，经历这个过程的探究者就获得了知识……知识绝不是固定的、永恒不变的，它是作为另一个探究过程的一部分，既作为这个过程的结果，同时又是作为另一个探究过程的起点，它始终有待再考察、再检验、再证实，如同人们始终会遇到新的、不明确的、困难的情境一样。

阅读过程中，学生首先与文本开展对话（即解读作品字面意思的过程），通过与文本的对话，达到与作者心灵的对话和交流，达到与作者就这个世界的某个方面（即作品的主题）开展对话与交流的目的。

从其自然固有的本来面目来说，阅读是一个主动探究的过程：学生通过阅读作品（文本），探索、研究、理解、发现作者对这个世界某个方面的观察、感受与思考。前苏联著名的教育家苏霍姆林斯基指出："让学生体验到一种自己在亲身参与掌握知识的情感，乃是唤起少年特有的对知识的兴趣的重要条件。当一个人不仅在认识世界，而且在认识自我的时候，就能形成兴趣。没有这种自我肯定的体验，就不可能有对知识的真正的兴趣。"

特级教师于永正最善于激发学生的学习情趣。在教学《庐山的云雾》导入新课时，他启发学生："看了这个题目，你们脑袋里有什么问题？"学生回答说："作者为什么只写庐山的云雾呢？"于老师就在"云雾"两个字下画了一个问号；学生又问："庐山的云雾是什么样子的？"于老师在"云雾"下再画了一个问号之后说："这两个问题，老师都知道。我是读了课文后知道的，你们要想知道就自己到课文中去找答案吧。"于老师鼓励学生自己通过读书找答案，激发了学生求知欲，给学生探究的机会。

有位教师在教《蟋蟀的住宅》一文时就是采用以下的教学设计来引导学生不断地探究：

一、创设问题情境，引出问题，激发兴趣

1. 课件展示（背景为蟋蟀的洞穴口），学生观其形，听其声，谈自己对蟋蟀的已有认识。

2. 引出学生对蟋蟀感兴趣的问题，如：外形、种类、活动、洞穴、吃食、叫声、打斗、睡眠、本领、繁殖……

3. 把"洞穴"换成"住宅"，比较异同，产生探究目标，蟋蟀的住宅有什么特点？它是不是和人一样会做房子，如果是，那它又是怎么做房子的？

二、自由读课文，了解大意，整体感知

三、围绕主要的两个问题分别探究课文内容

1. 学生选择感兴趣的问题，产生任务驱动。

　　a. 蟋蟀的住宅有什么特点？　　b. 蟋蟀是怎样做房子的？

2. 分小组学习与交流认识。（通过读一读、划一划，联系上下文，联系生活实际，进行对比联想，完成学习任务。)

3. 全班交流，双方可根据汇报内容中不清楚的地方或有异议的内容向对方提问。

四、整体探究，再现生活

把两大组学生探究的结果（知识要点）连在一起，再与文章进行比较，两者有什么异同？

通过再读课文，对比分析（学生会发现：作者是先观察蟋蟀的住宅的特点，再联想到蟋蟀这么小的昆虫怎能建造出这么好的住宅呢？从而产生进一步观察的兴趣。于是，他又在观察中发现了蟋蟀是怎样不辞辛苦、持之以恒地建造自己与众不同的优良住宅，与此同时也发现蟋蟀是一位了不起的建筑师。)

老师引导：你们在日常生活中有过作者这样的经历吗？

五、课外观察与发现

观察发现蟋蟀的外形、种类、叫声、吃食、打斗、天敌等。学生可选择感兴趣的一个方面进行长期观察。

这样的教学设计就是注重引导学生探究文本，提出问题，然后通过研读文本分析问题，解决问题。学习不是一种单向的接受的过程，而是一种主动的发现的过程。肖川教授写道，只有当学习过程能够成为激活封存的记忆、苏醒沉睡的经验、奋飞想象的羽翼、拓展心灵疆域，这个过程才成为作为动词的"知识"的过程，也就是个体的"自主建构"的过程，"知识"才能实现其教育的价值。余文森教授提出，让学生学会思考、学会探究。探究精神是课堂的灵魂，唯有探究才能培养思想者和批判者，没有探究的教学只能是训练。

三、 表演教学法

于漪老师曾经说过："要让学生走进语文，不是只听客观介绍，隔墙看花。"只有让声、形、象、境诉诸学生的眼、耳、脑,才能使他们真正地理解和感动。正如苏霍姆林斯基所说的:"从本质上说,儿童个个都是天生的艺术家。"儿童不仅具有潜在的表演天赋,而且还有着爱表演的个性特征。

　　语言文字自诞生之日起便与表演有着天然的血脉因缘。通过表演,把语言文字中的旋律美、形象美、情感美……一一展现出来,更直观、直接地引发学生的学习兴致。同时,表演法注重激发学生的积极参与与主动投入。教师通过丰富多彩、生动活泼的表演引导,整个课堂教学生活就顺理成章地关注到学生的学习体验与学习趣味。学生们就不由自主地融入学习之中。这种参与性是学生兴趣盎然地进行语文学习的内动力。在彼此的表演中,师生们共同创造一种美好的交流共享的磁场。

　　有位老师在教学《欢乐的泼水节》时,精心设计表演过程,通过欢快的音乐、模拟泼"水",把学生带进傣族人泼水节那种欢乐的氛围中,启发学生边泼"水"边想象,他们会祝福老人、小伙儿、姑娘、小朋友什么呢?教师也可以参与其中,边泼"水",边作示范:"祝你老人家健康长寿!"有了老师的参与、启发,学生身心被激活,思维更活跃。有的说:"祝小朋友学习进步、永远快乐!"有的说:"祝老爷爷福如东海,寿比南山!"还有的说:"祝叔叔工作顺利,找个好对象!"……整个课堂闹而不乱,学生的兴奋之情溢于言表,个个畅所欲言,好不快乐!

　　课堂表演过程可融听、说、演、唱于一体,涉及多个智能领域。表演是引导学生全身心浸入文本,投入课堂教学情境的有效方法。文本生活可以活灵活现地得以展现,学生生命状态可以在文本世界中获得舒展。生命自由的游弋,精彩的绽放,就在于这种表演之中。

四、 启发式教学法

　　在教育教学中我们时常有这样的一句话,教无定法,贵在得法,重在启发。教学之功就在于老师在学生觉得"山重水复疑无路"之际,善于点拨诱导出"柳暗花明又一村"的境界。任何成功的教学法中都寓含着"启发"的思想因子与精神元素。如《论语·述而》中所说的:"不愤不启,不悱不发,举一隅,不以三隅反,则不复也。"儒家先哲孟子也曾说:"君子引而不发,跃如也。"《学记》中也谈到:"故君子之教喻也,道而弗牵,强而弗抑,开而弗达。道而弗牵则和,强而弗抑则易,开而弗达则思,和易以思,可谓善喻矣。"

林娥老师在教学《老人与海鸥》"这起起落落的海鸥,翻飞的白色,谱成了一篇有声有色的乐谱"这一重点句时,当老师问:"在这有声有色的乐谱里,你看到了什么?听到了什么?"(生迟疑了一下)这时,老师立马加入学生的行列启发引导:"此时此景,老师仿佛变成了一只小海鸥,围在老人的身边扑着翅膀吃食。你们呢,你们又看到什么情景呢?"老师的认真参与,带头引领,也让学生跃跃欲试了,课堂活跃了,你瞧生①:我仿佛看到了一只海鸥吃饱了,靠在老人的肩膀上小憩。生②:我仿佛看到了海鸥们围着老人上下翻飞,起起落落,形成一道亮丽的风景。生③:我仿佛看到了老人给海鸥喂食时,那洋溢在脸上的笑容。又生①:我仿佛听到了海鸥一声声的鸣叫。生②:我听到了海鸥们扑翅膀的声音。生③:还有老人爽朗的笑声,以及他亲切呼唤海鸥的声音……接着竟有孩子为我事先的板书"老人爱海鸥"、"海鸥送老人"作了评价与修改,"板书要凝练、概括,改为'关爱　送别'小标题印象更深"。太有创意了,正是教师一种示范的风度,带动了学生,当学生体验到成功的愉悦感,就勇于参与,乐于参与了,小手举得更高了,说话声更大了,发言更精彩了……在这样的课堂,我们真切地感受到一种"生命"的东西在萌动。

现将周益民老师教学《去打开大自然绿色的课本》的片段摘录如下:

师:想想,诗人为什么说大自然是绿色的呢?

生:因为大自然里有绿树、翠竹、碧草、青山,它们都是绿色的。

生:不对,大自然里也有红花、彩霞呀,并不完全是绿色的。

师:说得有道理!那么诗人为什么偏要说它是绿色的呢?想想,绿色是不是有着某种——

生：我明白了，绿色是生命的颜色，象征着活力。

师：好啊，正是人们常说的"生命之树常青"。

生：确实，在沙漠里，只要看到了绿洲，就等于获得了生命的希望。

生：因为绿色充满活力，像一个少年，朝气蓬勃，热力四射。

生：王安石"春风又绿江南岸"中，"绿"的运用被历代称颂呢！

生：绿色还是环保的同义语，现在人们要吃绿色食品，要住绿色住宅。

师：是的，有人甚至把充满温馨的课堂叫做绿色——（生：课堂）总不会说是到了植物研究室吧。（生笑）

生：我就不同意，难道其他颜色就不能代表大自然的色彩了？

师：好啊，那你说说看，你认为大自然是什么颜色的？

生：我认为大自然是红色的，红枫、红花、红云，万紫千红。红色代表着喜气洋洋，象征着红红火火。

师：红色的大自然，好！蕴藏着热烈，昭示着兴旺，传递着幸福。古诗中对"红"的吟咏也很多，像——

生：霜叶红于二月花。

生：人面桃花相映红。

生：日出江花红胜火。

生：映日荷花别样红。

生：我认为大自然是白色的。白色象征着圣洁、高雅，雪花就是那美的精灵。

师：不错，民间有谚语：瑞雪兆丰年。

生：我觉得大自然是彩色的，人们不是常说"绿树红花"、"五颜六色"、"五彩缤纷"、"橙黄橘绿"吗？你们想，如果只是一种颜色那多单调啊！

师：大家说得可真好。不过我也发现了一个有意思的现象，同一个大自然，怎么各人的体会就不一样呢？

生：肯定不是红绿色盲呗。（笑声）

生：是因为每个人的喜好不一样吧。

生：我想，是每个人对大自然体会的角度不同。

师：精辟！你的发言让我想起了苏东坡的名句——横看成岭侧成峰。刚才我们的讨论是否就是现实的自然和心中的自然的关系？（生点头）那么，现在，让我们一起走进诗人的内心，来体会他心中绿色的大自然吧。

上述的课堂教学恰如余文森教授所言：施教之功，贵在引导，妙在开窍。教师的引导要立足于使学生在迫切要求的心理状态下自己思考、自己理解、自己消化、自己吸引，从而达到"自奋其力，自致其知"。

11世纪，宋代朱熹把教师的启发喻为"时雨之化"，用"指引者，师之功也"。古希腊苏格拉底倡导的"问答法"（也称产婆术），被认为是欧洲最早的启发式。18世纪的德国著名教育家第斯多惠把启发式教学提高到一个新层次，并把启发式和注入式作了鲜明的对照，他说："如果使学生习惯于简单地接受或被动地工作，任何方法都是坏的；如果能激发学生的主动性，任何方法都是好的。""不好的教师是传授真理，好的教师是教学生去发现真理。"

五、情境教学法

余文森教授引用德国一位学者说过的这么一个比喻，他说，将15克盐放在你的面前，无论如何你都难以下咽，但将15克盐放入一碗美味可口的汤中，你就会在享用佳肴时，不知不觉地将15克盐全部吸收了。然后他意味深长地称，情境之于知识，犹如汤之于盐，盐需要溶入汤中才能被吸收，知识也需要融入情境之中，才能显示出活力和美感，才容易被学生理解、消化、吸收。任何一种成功的教学都离不开一定情境的创设。小学生的思维偏重于形象，他们常常沉迷于图画、色彩、动态等组合而成的情境中留连忘返，因此教师要善于创设这种学习情境，促进他们积极学习。在充满趣味、宽松、愉悦的情境中，学生们的心灵就会放松，精神就会舒展，灵性就会焕发。正如情境教育的创始者李吉林老师所言："情境教育，就是给孩子添翼，用情感扇动想象的翅膀,让孩子的思维飞起来,让孩子的心儿飞起来,快乐地飞向美的、智慧的、无限光明的童话般的王国。"情境创设通过多种方式,可以调动学生的多种感官学习音乐,这样,学生们就会乐于参与,学而不厌,并享受到语文的乐趣。

詹友多老师认为,新课伊始,学生的注意力和思维处于分散松弛的状态中,教师应精心巧设导语,提高学生对输入信息的注意,在短时间内把学生的注意力和思维中心聚集到教师所提出的学习目标上,产生直接的学习动机和探新觅内的求知欲望。对导语的美化,讲究的是自然得体,简练精悍,新奇有趣,切中主题。要注重导语的新颖别致,典雅鲜活,例如在教学《冬阳·童年·骆驼队》时,教学语言就浸润着浓郁的诗意,让学生如坐春风,如临其境。先以歌曲激情来解释课题,上课时,播放了歌曲《童年》,一边听音乐,教师一边以轻柔的导语导入课文:在温暖的冬阳下,一群骆驼队从远处走来,驼铃声悦耳动听,童年的"我"站在旁边静静地看着。此时老师请同学们闭上眼睛感受一下:在你的脑海中浮现出了一幅怎样的画面?学生就谈到童年时光,骆驼队和美丽的冬阳,老师紧接着学生话题:这个题目把三种事物编织在一起,充满诗情画意,令我们产生许多遐想。每个人都有美好的童年,童年发生的事往往充满稚趣,又很有意思,它们像一颗颗闪亮的珍珠收藏在我们的记忆里,今天就让我们和作者一起回忆他那充满稚气的童年往事吧,齐读课题《冬阳·童年·骆驼队》。这样引入文章就特别自然,这样的指导也充满诗情画意,也更易让学生接受。

又如在教学《草原》一课时,老师先让学生闭上眼睛,一边听蒙古族歌手嘹亮的草原牧歌《美丽的草原,我的家》,一边听教师用绘声绘色的语言、饱满的感情,描述草原的特点。学生睁眼后不由得齐呼"啊!好美呀",紧接着老师又问:听着这优美的歌声,看到这一碧千里、牛羊成群的大草原,我的心和你们一样已飞到那辽阔无垠、风景如画的境界中。如此迷人的草原风光,课文哪一部分作了详细描绘?生:第一部分。在导入的短短几分钟内,教学已取得了良好的效果。同时,这些鲜明的图像,隽永如诗般的语言,简约的介绍,创造了一种内涵丰富的视听形象,吸引学生步入特定的情境里,为本课开展指导自主学习奠定了坚实的基础。

曾经听过许阳芳老师的一节四年级的作文课《美好的心愿》。导课是通过全班同学为铭铭同学过生日，创设情境。许老师说："当流星划过天空，当点燃生日蜡烛，让我们许下心中最美好的愿望。"全班同学学着老师的动作，掌心相对，屏住呼吸，闭上眼睛，沉入了宁静的时刻。"好了，今天老师还邀请了两位嘉宾：许愿树和树仙子！"一盆装饰得很美丽的铁树盆景端上了讲台，同时，许老师头上戴了一个童话头饰，手里拿着一把拂尘。孩子们惊喜地发出声音。老师说："把愿望挂在许愿树上，树仙子可以帮我们尽快实现愿望。现在，大家可以将心中最美好的愿望写下来，挂在许愿树上。心诚则灵！一定要写上你的大名哦！"……孩子们微微闭目冥想，脸上浮出了甜甜的笑意……许老师创设美好的童话情境，让学生与万物交流，让学生代万物说出心中愿望，让孩子们进入了'万物有灵'的状态。尽我们所能去创造童话般的课堂生活，让孩子生活在自己的年龄中，保留孩子童真与灵性。课堂中有一个细节值得我们思考。许愿时，孩子们掌心相对合拢，许下愿望，在这一刹那，所有的心都沉静下来，这说明这个情境创设的效果很好。在那一刻，孩子们想什么，超越了什么，有些孩子可能会用一生的时间来记住这一刻。有些教育是不可言说的，是通过感受折射出来的，这已经超越了知识的传授。教育教学中心灵的完整、心灵的力量，只能靠自己去感悟……

古人云："教人未见其趣，必不乐学。"俄国教育家乌申斯基说过："没有丝毫兴趣的强制性学习，只会扼杀学生的探索真理的欲望。"因此，教师应该创设丰富多彩的情境启发和激发学生强烈的求知欲和浓厚的学习兴趣，把教育的外部需求转化为学生自觉的内在需求，变苦学为乐学。使课堂教学如磁铁一样吸引着学生，如蜂蜜般滋养着学生。

六、 讲解教学法

著名教育家苏霍姆林斯基说：教师的语言修养在极大程度上决定着学生

在课堂上的脑力劳动的效力。语文教师要将教学语言的丰富与凝练性、知识与逻辑性、趣味与哲理性融为一体。只有这样才能点燃学生学习的火花，激发学生学习的内在动力。教育学家夸美纽斯也说：教师的嘴，就是一个源泉，从那里可以发出知识的溪流。讲解教学法或在于动之以情，或在于导之以法，或在于解之于惑，或在于拓展其视野……恰到好处的讲解往往能起到画龙点睛、点石成金的功效。

詹友多老师写道，任何文学作品都饱含作家独特的人生经验，情感和思想方式，都具有以情感人的特征，或直抒胸臆、或托物言情、或激情如火、或温婉感人，因此要求教师的讲授语言应具有情绪感召力，这样才能激发起学生积极、欢快的情感，使其精神亢奋、思维活跃，收到上佳的教学效果。

如他在教学《匆匆》（第 2 自然段）时，先引读："八千多日子已经从我手中溜去；像针尖上的一滴水滴在大海里……我不禁头涔涔而泪潸潸了。"读到这儿他语音戛然而止，停顿之余又接着说："光阴似箭飞逝而去，它能留给我们什么呢？曾记得《三国演义》开篇那首诗：'滚滚长江东逝水，浪花淘尽英雄。是非成败转头空，青山依旧在，几度夕阳红。白发渔樵江渚上，惯看秋月春风。一壶浊酒喜相逢，古今多少事，都付笑谈中。'英姿飒爽的周瑜如今在何处？足智多谋的诸葛亮又在何方？是谁带走了他们？是那匆匆而去的时光？同学们是否有同感？"他说得低沉了、轻了、慢了，他正是通过这样的问来促使学生深思，激发学生感情。他是重在启情，学生要回答这个问题就非动感情不可。此时学生已被诗句营造的氛围感染，纷纷举手。有的学生哽噎地告诉詹老师，三年前爷爷还和他玩耍，如今匆匆的时光带走了他的爷爷，留给他的只是无尽的思念。接着学生的话，詹老师紧接着说："时光走得太快了，正因为如此才令我们头涔涔泪潸潸了。"在充满怀旧色彩的音乐中，他以缓慢的语调和学生一起朗诵这段话，学生的朗读，自然读得哀婉深沉，格外投入，读着读着，有的孩子眼角已悄悄闪动着泪花……以真切的感受，诗意般的述说叩击着学生的心弦，震撼着学生心灵，使课堂充满了诗情与画意。

我国的《学记》中对教师的语言的具体要求是："其言也，约而达，微而臧，罕譬而喻，可谓继志矣。"教师讲课的语言要简明而通达易晓，微小浅近而蕴含着完善的道理，举例不多而使人明白。肖川教授在《让教师的讲解扮靓课堂》一文中指出，讲解是教师运用说明、分析、归纳（概括）、论证、阐释等手段讲授学习内容的教学方法，是课堂教学中教师作为学生知识建构的促进者的最重要的体现形式之一。在任何课程的教学之中，教师的讲解都是必不可少的。山东省高密市曙光中学任得宝老师说得好："文字平铺在纸上，既无色彩又无动感，可是经过老师的一读一点，文字便从纸上立了起来，学生便看到了生活的本来样子：花儿开了，人物活了，海中涌动着波涛，风里鼓荡着清香。"好的讲解，严谨而不乏机趣，庄重而不乏诙谐，让人如坐春风，如饮甘露，让人感受到"语言之妙，妙不可言"。

七、 读写结合教学法

黎锦熙先生在《新国文教学法》中提出："精读须'手到'，熟读须'口到'，这是国文教学铁一般的原则。"而且还进一步解释说："概自中国兴学以来，国文教学失败，原因就在学生的'筋肉运动'太少，不训练他们的口和手，只随顺他们的眼和耳，所以现在须要改革。"

曹霞老师在描述她在上《鸟的天堂》一课时用了读写结合教学法，使学生的语文学习更扎实、更丰实。她谈到，当讲到"一只画眉站在一根树枝上兴奋地唱着，它的歌声真好听"时，学生已经能感受到鸟儿们在这儿生活得很快乐！为了让学生把"天堂"这个词理解得更饱满，更丰富。她这样引导学生：同学们，怎样的地方可以谓之"天堂"，这棵大榕树为什么能称为"鸟的天堂"，如果有一天，你来到这儿一游，你还会看到怎样的情景？同学们纷纷拿起笔，展开想象的翅膀。有同学这样写道："有的鸟儿们在枝头欢唱着，真像一个天才音乐家；有的在天空翱翔，真像一个飞行家；有的在我们的面前打扮着自己，真像一个美容师。"你瞧，在孩子的笔下，鸟儿们在这儿生活得多自在，多幸福！还有的同学这样写道："一只大胆的鸟飞了过来，在我的头上飞来飞去，还时不时地停到我的肩膀上，用它的尖嘴，轻轻地啄我的脸。

突然起了一声巨叫,从那密密层层的树叶中飞出了一只全身发红光的大鸟,哇,这一定就是传说中的凤凰吧!"在孩子的眼里,生活在"天堂"里的鸟,是不会把游人当外人的,因为他们在这儿生活一直很安全。"天堂"里一定有非常稀奇的,珍贵的鸟,凤凰便在他们的想象中出现了。还有这样写的:"鸟儿们飞累了,停在树上,看着我,随时待命的样子,我于是就快速地跑起来,那些停在树上的鸟,一齐飞了出来,我终于看到了万鸟群飞的场景,真是太壮观了!"原来在他们的想象中"鸟的天堂"之所以能称为鸟的天堂,除了鸟儿在这儿生活很快乐很自由,还应该有许许多多的鸟,还不乏稀有、珍贵的鸟,并且在这儿生活得很安全。通过这样的小练笔,学生展开了丰富的想象,把对"天堂"的理解还原成具体可感的情境,丰满了"鸟的天堂"的确是"天堂"的更多更深层次的原因,丰富了学生对课文的感悟和理解。

余秋雨先生说道,写和读的关系,是一种天然的吐纳关系。只纳不吐,不仅消化不良,而且必然会产生恶性的壅阻。谈话是一种倾吐,而写作则是一种更深入、更系统的倾吐。德国著名的哲学家叔本华说了这么一句话:"读书是走别人的思想路线,而写作才是走自己的思想路线,只有经过自己的思想路线,把读书得来的知识消融掉,才会变成自己的东西。"语文教学中只有很好地协调读与写的关系,才能做到读得丰富,写得扎实,读写相须,相得益彰。

八、 体验感悟教学法

余文森教授认为,体验性是现代学习方式的重要特征之一。体验是指由身体性活动与直接经验而产生的感情和意识。体验使学习进入生命领域,因为有了体验,知识的学习不再是仅仅属于认知、理性范畴,它已扩展到情感、生理和人格等领域,从而使学习过程不仅是知识增长的过程,同时也是身心和人格健全与发展的过程。行是知之始,知是行之成。

翁秀萍老师《可贵的沉默》的教学片断与反思给我们展示出体验教学的

思路与魅力。她写道,课堂教学不仅是知识建筑的空间,更是学生情感及生命活动的场所。它不是一弯静止的跑道,而是提炼生活、体验人生、感悟生命的过程。教学片断摘录如下:

师:同学们,这节课老师不给你们提很多的学习要求,我们来聊天,好不好?

生:好。(回答迟疑,气氛有些紧张。)

师:你们每年生日是谁给庆祝的?

生:家长啊。(气氛缓和)

师:一定很热闹吧?家长给你庆祝生日的请举手,老师看看有多少幸福的孩子。

生:我!我……(气氛活跃起来)

师:一、二、三……十六,后面的同学举好手,要不老师数不清楚,十七……哇,真多!哦,还有你,三十五……(学生举手,嘴巴也喊开了,后面的部分同学怕我看不见,索性站了起来,我也不制止,孩子们显得很兴奋。)

(为了更好地准备这堂课,我在与学生的周记交流中特别留意相关信息。现在独生子女多,孩子的生日备受关注。为此,我尝试着在学生毫无准备的情况下,以与教材内容贴近的生活实践为切入点,引导学生融入教学情境之中。学生回忆父母为自己庆祝生日的温馨时刻,品读被关注的满足,感受被爱的幸福。老师在清点人数时特意用赞赏、羡慕、惊叹的语气,这是为了让孩子意识到自己被父母爱着,几乎所有的同学都融入到浓浓的幸福的热潮中。沉浸在幸福中的小精灵们表现得特别兴奋。我知道孩子感受到了爱,但这还不够,我要帮助他们挖掘心灵深处的、被忽略的而又是最宝贵的东西。)

师:那爸爸妈妈的生日是什么时候,同学们祝贺了吗?(大家安静下来,两三个女同学举了一下手,又放下。大家躲着我的目光沉默了,我也一块儿沉默了一分钟,并观察着孩子们复杂的神情。)

(让孩子交流他们对家长生日的知晓及庆祝情况,而这尴尬漫长的一分钟只是为了引导孩子发现矛盾，挖掘心灵中被遗忘的某个角落。孩子们如林的小手几乎全放下了。我故意用探寻的目光和疑惑的微笑追寻着每一张小脸。而刚才兴奋时灿烂的笑脸、幸福中多彩的眼神都左躲右闪，他们低着头、沉默着，教室里安静极了。我什么也不说，只是耐心地和大家一起沉默着。我欣赏地默读着孩子们的表情，有内疚的，有自责的，有惭愧的……这种表情是有史以来我认为最可爱、最丰富、最本真的东西，我要的就是沉默背后孩子内心那最宝贵的东西。我得给他们足够的时间去反思、感受！）

师：那么我们怎样才能知道家长的生日呢？（语气缓和）

生：查身份证。

生：问外婆！

生：看户口本！

……

（先是个别试探地说，接着越来越热闹，七嘴八舌。）

师：我们知道了生日后，是不是也给他们庆祝一下？你们有什么想法？

生：悄悄地准备礼物。

生：煮一道拿手菜。

生：我用零花钱买蛋糕。

……

（同学们各抒己见。）

师：给你们一个建议好不好？用一种不被发觉的方式了解爸妈的生日，至于如何庆祝呢，其实只要你表达的是爱，不管什么礼物，他们都会很珍惜。

（孩子们听后依然兴奋地小声议论。）

（老师积极把握难得的课堂教育契机，用缓和的语气暗示孩子该想办法去挽回这个缺憾，并由他们自己来解决这个矛盾。一分钟不会太久，但在沉默中自责、反思，等待沉默的老师开口，这对孩子来说，是多么漫长啊！一分钟后我开口了，要重拾孩子心中的那份真，得先给他们一个台阶下呀。这样一来，孩子们像得到了特赦一样争先恐后、出谋献策，气氛回归热闹，人人积极参与。此时的热闹却不同于刚才的兴奋，它多了一种理解，一份责任。

这正是我们所期待的——孩子会感受爱,更要懂得爱别人!直面文本,有助于孩子自主地发现矛盾,并积极寻找解决矛盾的方法,避免了强硬的灌输,促进情感的共鸣。)

师:现在请同学们打开课文,用自己喜欢的方式读一读《可贵的沉默》,把描写同学们的表现变化过程的词语找出来。

(学生读、交流,师归纳板书:兴奋——沉默——热闹)

师:同学们,文中的小朋友和你们刚才的表现是多么相似啊。请大家想象:文中的小朋友在沉默时会想些什么?在小组内分享你的感受。

(学生畅所欲言。)

师:你们说得太好了!老师从你们这一分钟的沉默中发现一种最宝贵的东西。猜猜,我发现了什么?

(学生先是疑惑,但很快地举起手。)

生:发现我们懂事了。

生:发现我们知道要给爸爸妈妈庆祝生日了。

……

师:是啊,因为这一分钟的沉默让你们不但感受了爱,而且知道付出爱。(板书:感受爱 付出爱)这是多么宝贵的东西。所以,老师觉得这一分钟的沉默是非常……(学生脱口而出:"可贵的。"老师板书课题,生齐读。)

……

(回归教材,让实践体验后的孩子走进课文,体会书中小朋友的感受。该环节的设计我之所以没有安排在实践时进行,而是请他们替文中的小朋友表达,是为了让孩子能更大胆地将自己的心声表达出来,升华自己的感知。)

伟大的教育家陶行知说得好:"行是知之始,知是行之成。"先行而后真知。先实践体验,再回归教材,让孩子能从一个客观、现实的角度来评析文中小朋友的行为。因为教材中的故事和他们的表现如出一辙。这一设计的目的是让孩子感受爱,学会爱。最终,孩子在沉默中明白了该怎么做。

"教师的职责现在越来越少地传授知识,而越来越多地激励思考;除了他的正式职能外，他将越来越多地成为顾问，一位交换意见的参与者，一位帮助发现矛盾论点，而不是拿出现成真理的人。"这节课，老师牢牢地把握这一特点予以引导，如此一来，孩子思维中绚烂的火花就争先恐后地迸发出来，情感中最纯真的关爱也水到渠成得到挖掘。

体验感悟式教学让学生们有感同身受的亲切之感，他们用心灵的触须来触探来自文字的内在生活。如同《傅雷家书》中所说的"用心灵去体会，才能把原作者的悲欢喜怒化为你自己的悲欢喜怒，使原作者每一根神经的震颤都在你的神经上引起反响"，"你的脉搏跟他的脉搏一致了，你的心跳和他的同一节奏了；你活在他身上，他也活在你身上"。

九、 直观教学法

夸美纽斯认为，直观原理是教师教学的"金科玉律"，"在可能的范围以内，一切事物都应该尽量放到感官跟前。一切看得见的东西，都应该放在视官跟前，一切听得见的东西都应该放在听官跟前。"卢梭在《爱弥儿》中非常倡导实物教学，他说"用实际事物！用实际事物！我要不厌其烦地再三指出，我们过多地把力量用在说话上了，我们这种唠唠叨叨、废话连篇的教育，必然会培养出一些唠唠叨叨、废话连篇的人。"裴斯泰洛齐指出，直观是一切认识的绝对基础。一切教学都必须遵循这一永恒的法则。

比如在教学《飞夺泸定桥》一文时，课文中虽然有攻城夺桥的插图，但还不足以突出课文的重点飞夺。为此，教学时就可以绘制一幅《红军飞夺泸定桥示意图》标出泸定城、泸定桥的位置及敌我双方的行动路线，学生根据图意，就能加深对"飞夺"的理解，随手画出简易的图形，比生硬地写一些字词好得多。

又如有位老师在教《少年闰土》这一节课时，为了引导学生理解比较抽象的词句，他便充分利用直观教学法来解决。如对"四角的天空"的处理。在学生朗读这几组对话的后，让学生谈文中"我"听后的感受，很自然地引出了最后下一个段落"啊，闰土的心里有无穷无尽的稀奇事……"，让学生自己谈读懂了什么，有哪些不懂的。这样使学生自然引出了对院子里"高墙上四角的天空"的疑惑。这时老师没有过多的讲解，只是出示了一幅画面，画面中出现了一个院落，四面空空，只露出四个角，让学生解释"我"就生活在这样的环境中。再让学生看与文中紧密结合的"看瓜刺猹"、"海边拾贝"、"雪地捕鸟"、"海边看跳鱼"等四幅图，进行语言训练："当闰土在……时，我在……"这样图文结合训练，让学生真切地走进人物的内心世界，不需教师反复讲解，学生通过直观画面，就这样化抽象为形象，为难解为具体，激活学生的知识经验。

俄国著名的教育家乌申斯基提出，初步教学的责任是要教儿童真实地观察，要以尽可能完全的、真实的、鲜明的形象来丰富他的心灵。这些形象以后成为儿童思维过程的要素。直观教学法，就是尽可能地把鲜明、生动、形象的事物呈现在学生面前，让他们的心灵深处带着活泼的印象与图像，从而激活他们的思维力。

十、 活动教学法

法国著名的教育家卢梭先生指出，在任何事情上，你们的教育都应该行动多于口训，因为孩子们容易忘记他们自己说的和别人对他们说的话，但是对他们所做的和别人替他们做的事情，就不容易忘记。活动教学法，在教师的指导下，使学生自己动手、动口、动脑。采用比较自由、不拘形式，以学生为中心的新型教学法。其重点是让学生自己活动和思索去获得知识。学生在活动中充分调动多种感官参加学习，兴趣浓厚，情绪激昂，思维积极，感知丰富，乐学易懂。美国著名的教育家杜威先生说，我们的意思是，并不是要削弱语言这种教育资源的运用，而是要使语言和共同活动建立正常的联系，使语言的运用更有生气，更有效果。

《天安门广场》是苏教版小学语文四年级上册中的一篇说明性课文，文章以形象优美的语言介绍了天安门广场雄伟壮丽的景色,激发学生热爱祖国的思想感情,增强民族自豪感。本文表达结构严谨,层次井然,为帮助学生更好地把握课文内容,领会文章的表达方法,并能结合生活实际,巧妙加以运用,陈雪英老师设计了如下两个片段的教学,以突破本文的教学难点。

【片断一】

师:自由读课文第2、第3自然段,边读边作记号,用"＿＿"画出表示事物的词,用"△△△"画出表示事物特点的词,用"＿＿"画出表示方位转换的词。

(学生按要求自读课文并做记号,教师巡视。)

师:同学们刚才学得都非常认真,现在谁能说出自己在哪些地方做了记号?

(课件出示语段,结合学生的反馈,边点评边指导修改。)

生1:课文描写了五处建筑物:天安门、纪念碑、博物馆、大会堂、纪念堂。

师:谁能结合其方位和特点概括描述?

生2:课文描写了五处建筑物:广场北端雄伟壮丽的天安门、广场中央矗立着高大的人民英雄纪念碑、广场南端是毛主席纪念堂、东西两侧是中国国家博物馆与巍峨壮丽的人民大会堂。

师:你描述得真清晰。了解了建筑物的特点及其方位,你能不能完成课后第四题,填好天安门相关建筑物的平面示意图?

(生填图,教师巡视。生交流。)

师:课文这部分采用了按方位顺序描述事物特点的写法,即从一种景物开始逐步承接转换。平时,我们写一处景物时通常要运用这种方法。现在大家现学现用,选择一处景物也按方位顺序写一段话。

(学生快速练写,教师巡视并指导个别学生修改。精彩语段展示。)

……

【片断二】

师：学完了全文，我们对天安门广场有了初步的认识。过几天，市邮协的老爷爷老奶奶想组织一支旅游团到天安门广场参观，想聘请我们的一个同学当小导游，不知谁愿意？

（有十几个孩子举起小手。）

师：当导游不仅要口齿伶俐，声音响亮，还要有学问才行呀！

生：（七嘴八舌地）我来试一试！我一定行！我比她强……

师：（选几位口齿伶俐、有胆量的孩子去做准备，转身轻声地对其他的孩子说）咱们其他的同学扮演游客好吗？

生：（不住地点头。）

师：当游客也有学问，一定要边听导游介绍边思考，什么地方还没听明白或者还想知道什么信息，就及时问导游。等一会儿，咱们多提几个问题，难为难为小导游，怎么样？

生：（孩子们可来劲了，眼睛里闪着兴奋的光，跃跃欲试。）

师：好，下面就开始我们的天安门广场一游。

导游1：各位游客，大家好！我叫林子晴，来自四年（1）班，哦！不，来自宁德青山旅行社。（笑声）这次旅行由我来给您当导游。在旅游的过程中如有不周之处，请您多包涵。现在请游客们带好随身物品跟我一起上车。

游客1：请问林导，您要把我们带到哪儿？（一阵笑声。）

导游1：对不起！忘了告诉大家，我们本次旅游的目的地是天安门广场。（转了几个圈）游客朋友们，天安门广场到了，请跟我下车。现在出现在我们眼前的就是雄伟壮丽的天安门广场。天安门广场是首都北京的中心，它是世界上最宽广、最壮观的城市广场。看，（抬手指向前方）那就是天安门城楼！

游客2：你能介绍一下天安门城楼的历史吗？

导游1：对不起！我不知道。（不好意思地低下头，其余学生大笑。）

师：没关系，你的文明礼貌让我们很满意，但你还要多学习有关知识。哪位小导游能接替她的工作？

导游2：大家好！我是导游钟文婷。下面由我来为您做详细的介绍。（生鼓掌）位于首都北京中心的天安门广场，南北长 800 米，东西宽 500 米，面积达 44 万平方米，可容纳 100 万人举行盛大的集会。现在，每天有成天上万的人到这里参观、游览，天安门广场被评为新北京十六景之首。坐落于广场北端的天安门城楼，始建于永乐年间，是明清两代皇城的城门，明代称为"承天门"，清代改建后称为"天安门"至今。国家重大庆典活动大都在这儿举行。（掌声）

……

（导游 2 按照课文的叙述顺序逐一介绍每一景点，并不时回答游客的问题，整个活动在一片掌声中结束。）

皮亚杰把活动教学法视为儿童教育的最重要原则，他认为活动与动作是主体与客体相互作用的桥梁。是儿童智力发生与发展的来源。前苏联的教育心理学家维果茨基认为，"我们人类所特有的被当作中介的心理机能不是从内部自发产生的，只能产生于人们的协同活动和人与人之间的交往之中"、"人所特有的新的心理过程结构最初必须在人的外部活动中形成，随后才可能转移到内部，成为人内部心理的结构。"这里，维果茨基提出人的内部心理结构是要通过外部的活动来形成的，活动是外部世界与人的内部世界的中介。

十一、合作教学法

美国著名教育学者欧内斯特·鲍伊尔说道，我迫切地希望，在明天的教室，是学生的创造性而不是从众性受到鼓励。学生应学习如何合作而不是学习如何竞争。《学记》中有这样一句千古名言："独学而无友，则孤陋而寡闻。"两千多年前，大思想家、大教育家孔子说过："三人行必有我师焉。"在学习过程中，人各有所长，也各有所短，但同学间互教互学，相互讨论和交流，就能取长补短。英国戏剧大师萧伯纳说过，如果你有一个苹果，我有一个苹果，彼此交换，那么每人只有一个苹果，如果你有一个思想，我有一个思想，彼此交换，我们每个人就有了两个思想，甚至多于两个思想。可见，同学间的相互交流，既是才能和学识的互补，又是智慧和创造力的递增。

李伊萍老师上人教版六年级语文第十一课《长征》就是采用合作教学法，取得了良好的效果。《长征》是一首七言律诗。全诗生动地概括了二万五千里长征的艰难历程，赞颂了中国工农红军的革命乐观主义精神。面对这一饱含文化底蕴的七言律诗，课文提供了众多信息，但是学生还是感到难以理解。如何才能把长征的艰难鲜活生动地表现出来呢？

在教学这一课时，教师先让学生根据自己的了解讲一讲长征的时间、经历的省份、山水及一些重要的战斗等，以便使学生对长征有一些初步的、大体的认识。然后，把同学们带到学校计算机房，要求学生分组确定目标。首先，通过网络找出与长征相关的图片和文字资料，除加深对课文的理解外又补充了更多有关长征的知识。然后以此为基础，通过对二万五千里长征的深刻了解，来分析诗中的知识难点，最后在课堂上交流讨论。具体步骤是：

1. 确定搜集的内容。上网活动时，学生们的情绪空前高涨，大概是被这种新型的授课方式所感染了吧。经过指导，同学们很快都有了目标。没过多久，同学们从网上下载了与长征相关的资料，如：《丰碑》、《飞夺泸定桥》、《金色的鱼钩》、《草地夜行》等。看了以上的资料，不得不赞叹学生们的选择力之好，这些课文既和本课相关，又有发挥创造。

2. 上网查资料。选定了相关的题目后，就要具体到哪个网页去寻找。同学们采取了小组分工合作的办法。他们很快下载了一个个具体情节，然后小组由一个成员把资料汇总后交给老师。教师又把资料分成四个板块："过雪山"、"走草地"、"渡江"、"过桥"。

3. 学生在网上凭借大屏幕交流、谈感受。第一小组代表说：读了《长征》，第一感受是长征"难"。他说长征先后历经福建、江西、广东、湖南、广西、贵州、云南、四川、西康、甘肃、陕西等11个省。（边说边出示长征的路线图）在整个长征途中，红军爬雪山，过草地，历尽艰苦。我们现在不要说爬雪山、过草地了，光是徒步走过这11省，你能坚持下来吗？而当时红军又要摆脱敌人的围追堵截，这是何等的艰难。最后他总结为长征"难"，难于上青天。

第二小组代表发言说：长征"艰难"。从"万水千山"、"乌蒙磅礴"、"金沙水拍"、"铁索寒"中可体会到的。同时他们小组介绍了长征中的"万水千山"指长征中渡过的大河有24条、翻过的高山有18座。还播放了"飞夺泸定桥"、"过雪山"的片段。让同学感悟到夺桥战斗场面的悲壮和过雪山时的惊心动魄。

第三小组代表发言说：读完后热血沸腾。金沙江地势险要，到处是悬崖峭壁，水流湍急，敌人戒备森严。红军如果强攻必遭重创，结果红军佯攻龙街，奇袭守敌，不费一枪一弹夺取了对岸阵地。他们也是边讲边用图像来强调，做到了声情并茂。

第四组、第五组分别从不同的角度对文章加以分析和演示。很显然，这个环节学生们完全被插播的图像信息所吸引了，自始至终全班学生都在认真听、聚精会神地看。从热烈的掌声中也能体现出他们通过看图像已经使自己置身于那个时代，真的体会到了长征的千辛万苦。

4. 各小组利用大屏幕交流、讨论、质疑。教师要求学生把自己喜欢的问题写在小纸条上放到实物投影上进行交流。例如，生①问：长征这么艰难，为什么要进行长征？学生答：1934年由于王明的错误路线造成第五次反"围剿"的失败，红军不得不离开中央苏区根据地，开始长征北上抗日。生②问：走过了白雪皑皑的岷山我军损失很大，为什么三军过后尽开颜？又一学生答：因为从地图上可以看出过了岷山长征就要完成了，面对取得胜利当然要高兴了……同学们畅所欲言，发表自己的看法。很显然这是网络这种新的教学方法把他们的表达欲望激发了，每个学生既是老师又是学生，学生的主体作用得到了充分发挥。谈论的问题由一个变为多个，由师问变为生问。《长征》一课的学习，成了长征系列课文的学习，使学生真正了解了中国工农红军的革命英雄主义和革命乐观主义精神。

合作教学法很好地发挥了学生的主体性与积极性。学生们之间达到取长补短、优势互补，互通有无，资源共享，常常会取得令人惊异的成绩。余文森教授认为，只有基于交往和合作，学习才能成为学生高尚的道德生活和丰富的人生体验。这样学科知识增长的过程,同时也就成为人格的健全与发展过程。伴随着学科知识的获得,学生变得越来越有爱心,越来越有同情心,越来越有责任感,越来越有教养。

十二、 游戏教学法

英国著名的教育家罗素在《游戏与幻想》中谈到,热爱游戏是幼小动物——不论是人类还是其他动物——最显著的、易于识别的特征。对于儿童来说,这种爱好是与通过装扮而带来的无穷的乐趣形影相随的。游戏是儿童与生俱来的爱好与兴趣。儿童是在游戏中不断学习,不断成长,不断完善的。并且文学作为一种艺术在某种程度上也蕴含着一种游戏精神。在游戏中,每个人的身心得以放松与舒展,在语言感悟中获得愉悦与审美。游戏与语文学习的有机交融是孩子们生长性灵,放飞想象,培育生命的敏感与敏锐的心灵的最好的方式。前苏联著名的教育家马卡连科指出:"儿童非常爱好游戏,也应当满足这种爱好。不仅仅应当给儿童游戏的时间,而且应当使儿童的全部生活充满游戏。儿童的全部生活,也就是游戏。"孙云晓认为,没有游戏就没有童年,因为游戏是最适合儿童的认知方式和娱乐方式,玩游戏的过程就是学习的过程和成长的过程,其意义犹如在孩子心里埋下创造的种子和幸福的种子。我们在教学中要注意开发课程中的游戏资源,使课堂教学充满欢声笑语。

叶青老师在教学《影子》时就是通过游戏的方式来进行发展性教学的。发展性课堂教学活动强调外显与内隐活动的结合,在引导学生参与的活动中,学生通过动口、动手、动脑亲自体验过程。她在《影子》的教学中,主要从游戏活动中引入,发现一些生活现象,注意在课堂中唤起生活的体验,最后又由课堂延伸到课外,进行生活再实践,从中让学生认识有关"影子"的一些现象。让学生在愉快欢乐的游戏活动氛围中学习,激发学生探求知识的热情,寓教于乐。以下是她们班孩子们在玩踩影子游戏活动后,自身体验、自主发现后课堂交流的教学片段（原文摘录如下）：

在温暖和煦的阳光照耀下，伴随着美丽动听的音乐铃声，我面带微笑走进教室，一张张天真无邪的脸蛋印入我的眼帘，全班鸦雀无声，安静地等待老师说话。当我宣布这节课是上一节有趣的活动课时，一个个小孩兴奋不已，恨不得马上就冲出教室，林长松小朋友急切地问道："老师，老师！我们玩什么游戏？"我故作神秘地说："等一下你们就明白了，不过玩中有一个小小的要求，能做到吗？""能！"——学生的声音震耳欲聋。我扫视了一下全班学生，停顿了一下再说："今天这节课，我们玩踩影子游戏，小朋友在玩游戏中要自己认真观察，动脑思考，看看谁在玩中能发现影子的奥秘。"我一说完，学生一个个飞奔似地跑到操场上。

在操场上，灿烂的阳光照在每一个小朋友身上，为我们带来了一个个可爱的小精灵——影子。我让小朋友们分组进行，我也加入每一个小组中去和他们追逐，当学生见我来了，蜂拥而来要踩我的影子，我不断地变换方向，忽左忽右，忽前忽后，闪来闪去，孩子们也紧随着我跑来跑去，愉快的氛围包围着我们每一个人。

走进教室，我趁热打铁马上让孩子们汇报刚才在玩踩影子游戏中有什么发现？孩子们话匣子一下打开了——

生1：我发现影子没有眼睛、鼻子、嘴巴，无论我们穿什么颜色的衣服影子都是黑色的。（这为文中理解"影子像条小黑狗"打下了基础。）

生2：我发现我跑到树的边上时，我的影子跑到树上去了。（从游戏活动中理解了影子不一定都是在地上。）

生3：我发现了我在转来转去时，影子有时在我的前面，有时在我的后面，有时在我的左边，有时又在我的右边。（从游戏活动中自主发现了影子方位的变化，从而很容易就理解了课文中为什么说影子在前、影子在后、影子在左、影子在右。）

生4：我发现了太阳光很强时，影子颜色更黑，太阳光弱时影子就没那么黑。（从游戏活动中自主发现了影子有时清晰有时模糊。）

生5：我发现了影子一直都在跟着我们，而且踩了不会痛。（从游戏活动中自主发现了形影不离的道理，对于文中说"影子像条小黑狗"、"影子是个好朋友"的理解这一难点也就迎刃而解了。）

生6：我发现了如果有两束光同时照在我们的身上时，就会出现两个影子，一个影子黑颜色深一些，另一个影子浅一些。

生7：我发现刚才我的影子比我的人长一些，（这节课是下午第二节课）而中午的时候我看到我的影子却很短。（在游戏活动中自主发现了影子有长短的变化。）

听着他们汇报的一次次发现，我欣慰地笑了。于是我让学生们回到课文中，认真朗读课文，看看课文中写了影子哪些现象，学生们便很熟练地读起来："影子在左，影子在右，影子……"理解课文内容就容易多了，他们也更喜欢这篇课文了。

正如叶老师在反思时谈到，《影子》这篇课文，实践性、活动性较强，从游戏活动入手，让学生观察生活现象，唤起学生生活体验。通过踩影子游戏活动，使他们在游戏活动中自主发现了影子更多的奥秘。这样的教学，有效地利用生活资源，在课堂中营造了浓厚的生活氛围，把学习语文与认知事物紧密结合起来，调动了学生的学习热情，又能激发他们的兴趣、好奇心和求知欲望。实践证明，这种参与式的学习远比被动地从老师那里获取现成的结论要深刻得多，对学生认知的发展将会产生深远的影响，真正地把课堂还给了学生。学生在课堂上真正动起来了，使学生真正成为课堂中的主人。

确实，席勒在《审美教育书简》中强调：只有完整的人才游戏，而只有在游戏中人才是完整的人。雷纳在《游戏之人》中是这样描述游戏的魅力：人们在游戏中趋向一种最悠闲的境界，在这种境界中，甚至连身体都摆脱了世俗的负担，而和着天堂之舞的节拍轻松摇动。著名的儿童教育家陈鹤琴先生意味深长地说，小孩子是生来好动，以游戏为生命的……多游戏，多快乐，多经验，多学识，多思想。学生们在游戏中轻松快乐地学习语文，学习知识，真正是寓教于乐，趣味无穷。

十三、生活教学法

陶行知的"生活教育"理论指出:"全部的课程包括了全部的生活,一切课程都是生活,一切生活都是课程","教育要通过生活才能发出力量而成为真正的教育,生活是教育的中心,因而教学不能脱离生活"。学生是带着"昨天、今天、明天"进入课堂学习的,课堂教学要回归到学生的生活世界出发,没有生活作底色的教学是苍白无力的,是索然无味的。教育力的最重要的方向应该归结为生活力。

记得有这样一个小故事:著名妇产科专家林巧稚小时候上生物课,老师问道:"树叶是什么颜色的?""是绿色的。"林巧稚和同学们异口同声地回答。老师又问:"树叶是什么形状的?"不少同学答道:"是椭圆形的。"生物老师并不急于对学生的回答作结论,而是把他们带到山上去采集各种树叶。采集回来,大家把树叶放在课桌上,老师让大家重新回答那两个问题,这回大家才恍然大悟,原来树叶不仅有绿色的、黄色的,还有紫色的……树叶的形状更是千奇百怪,锯齿形的、针状形的、扇形的……什么样的都有。这一堂生物课给林巧稚留下了深刻的印象,让她终生难忘。

为什么一堂普普通通的生物课会给孩子留下如此难忘的回忆呢?仔细分析这堂课,教师既没有烦琐的讲解,也没有枯燥的说教,所有结论的得出都来源于两个字——体验。同理,在语文课堂中,要是能够把体验性教学融入到语文课堂教学中,必然能化枯燥乏味的知识传授为学生自然活泼的生活体验。

金君娟老师在教学老舍先生的《养花》一文时,采用了这一方式。具体的教学片断摘录如下:

师:同学们,早在开学初,老师就要求每位同学在自己的家屋前、屋后种一种花,大半学期下来了,你在种花的过程中有什么发现?有什么感受?

下面请同学们描述一下自己种花的感受。

生：老师，我在家中种了一盆菊花，刚开始通过自己的精心照料，花儿长得很好，可是经过一阶段，由于我作业多，没有管到它，不久它就枯萎了。看到自己亲自种的花就这样死了，我伤心了好一段时间。

生：我种的是牵牛花，牵牛花的生命力非常强，我一开始种了一小棵，后来就开出许多花。这期间我也没有花太多的精力，它却长得很好。我为种这样好种的花而感到高兴。

生：老师，我种了好几种花，但时间不长就都死了，最后我渐渐地失去了信心，我感到沮丧。

生：种花的学问可真大：开学初我在市场上买了一盆君子兰。回家侍养着，看到君子兰郁郁葱葱的样子，我心里美滋滋的。这给了我进一步养好花的信心。于是，我便经常观察它。什么时候开花，什么时候长出小小的花蕾，我都一一地做好记录，为此，我还写了几篇观察日记。……

师：大家通过实践，从中得到了很多体会。读了老舍先生的《养花》一文，比较一下你的体会与老舍先生的体会又有何异同呢？

生：我觉得老舍先生讲得真好，养花确实是"有喜有忧"的事，它让我充分地体验到了。

生：我对"既需劳动又长见识"这句话有同感，养花过程中我确实付出了很多劳动，而且增长了许多见识。

生：老师，在读完了课文后，结合自己的养花体会，我对老舍先生在文章中谈的"秉烛夜游"这感受无法理解，我曾穿梭于花圃之中，却未有任何特别的机会，只是感到花儿太可怜了，在夜晚就无法让人看到那勃勃的生机了。

生：我对养花"有益身心，胜于吃药"这一点与老舍爷爷的感受不同。我在养花过程中也有过身体不适，但如果专注于养花而不积极地治疗、吃药，病也是很难治好的。

……

学生通过亲自实践体会，然后再让他描述一下实践过程中的感受。这种感受无疑是真切的。只有让他们在实践过程中获得了这样的体会，学生的思维才会更加活跃，捕捉才会更为敏锐，理解更为独特。杜威认为："教育就是经验的改造或改组。这种改造或改组，既能增加经验的意义，又能提高后来经验进程的能力。"如果用一句话来概括的话，那就是："教育是以经验为内容，通过经验，为了经验的目的。"勒温和皮亚杰等人的研究表明：当面对一个"浓缩"了的、关于"事物本质"和"客观规律性"的、无法直接感受的书本世界时，学生是依靠生活经验和实际阅历来理解这些真理和建构起"意义"。

十四、朗读教学法

美文在于美读，好的语句总是让人齿颊留芳，回味无穷。苏联理论家卢那察尔斯基说过："许多隐蔽的美，无穷无尽的艺术想象，一切心理上的微妙都是在那种对文字作品朗读的高度中弄明白的。"刘大槐在《论文偶记》中谈到，凡行文多寡短长，抑扬高下，无一定之律，而有一定之妙，可以意会，而不可以言传。"其要只在读古人文字时，便设以此身代古人说话，一吞一吐，皆由彼不由我。烂熟后，我之神气即古人之神气，古人之音节都在我喉吻间，合我喉吻者，便是与古人神气音节相似处，久之自然铿锵发金石声。"

刘仙芹老师写道，一堂好的语文课，是应该饱含浓浓语文之情的。课标在教学建议中说："学习有感情地朗读，必须把情感性因素和朗读指导的技巧性融为一体。"它要求朗读指导要隐而无痕，润物无声，就像春雨点点，沁入学生的心田。让学生在美好情感的氛围中，体味作者的感情，把握作者的脉搏，读出文本中固有的语气语调，再现文本中固有的形象，表达文本中固有的情感，读得情意浓浓，读得兴高采烈，读得斗志昂扬，读得潸然泪下。读出文章的意、情、境。而情感的建立，需要酝酿、需要一种情境，而这种酝酿、这种情境是离不开教师的有效指导的。如何进行有效的朗读指导？经实践证实：当学生的理解与文本的内涵产生差距时，教师应寻找到教学理念与教学行为的结合点，在关键处、疑难处入手，灵活机动地实施教学。让学生能潜心会文，抓住语文文字来体察、来学习文本的语言美，悟其义、悟其情，从而发展学生的语文素养，扎扎实实地提高学生的语文能力。

如《月球之谜》一课教师可从标点入手，进行创造性指导，使说明性质的文章也能散发出浓浓的语文味。如引导学生感受月球奇异景色这一部分时，先通过整体读，引出月球奇异这一特点，接着，引领学生通过抓住关键词语，看图想象、结合相关资料逐句感受月球的奇异景色，指导学生读出惊讶的语气。但因为缺乏真实体验，课文中的三个句号并不能让学生真正读出月球景象奇异的味道，这时，巧改标点，却能收到独特的效果。老师出示月球图片问学生：同学们，这些奇异的景色都是宇航员登上月球——（第一眼）看到的景象。假如你就是当时的宇航员，当你第一眼看到这么奇异的景色，你的心情会如此平静吗？让我们再来读一读。把3个句号换成问号，注意读出疑惑的语气。紧接着，教师再追问：宇航员们，你们知其然知其所以然吗？知道月球为什么会有这么奇异的景象吗？回到地球上，你会怎么向人们介绍月球的景象呢？让我们再来读一读。把3个感叹号换成问号，注意读出惊叹的语气。此举，充分站在学生的学习立场，抓住童真，升华童趣，既让课堂"谜"味十足，又调动了学生学习的积极性，真可谓一箭双雕！由此可见，只有教师真正潜心地钻研文本，读出新意，上出创意，才能给人耳目一新的感觉。俄罗斯著名的诗人普希金说：我的语言和着和谐的节奏，和着嘹亮的韵脚，随着梦涌流。当学生在琅琅的书声中，用心灵去拥抱语言，去体验语言的节奏感、音韵感时，课堂上便涌动起最简单的美丽。

邓云乡先生在为夏丏尊和叶圣陶的《文章讲话》所作的"序"中写道，因为语言，不管中文、外文，不管白话、文言，越是典范的作品，必须读出声音，才能有深切的联系到自己感情的体会。语文的学习、作文的学习，必须从情感、思维、兴趣入手，而一切文字的感情都是声音体现的。所以读是重要的基本功。张志公先生提出："应该使学生养成大声朗读的习惯。朗读得多了优秀作品中经过加工锤炼的语言会跟自己的口头语言沟通起来，丰富自己的口头语言，养成良好的语言习惯。"

第十章 小学语文主要学法及选用示例

一、质疑问难法

　　古人云，要学问得学问，不学问没学问。读书与学习必须用自己的眼光来看待知识，否则就可能成了"百无一用"的书呆子。只有不断地思考研究，我们才能提出有价值的问题，才能使问题转化为内在探究的动力。问题是新的发现、新的创见、新的发明的起点，也是新的学问、新的认识、新的思想的源头。没有问题，就意味着没有真理，也没有对真理的追求。问题常常让我们不由自主地卷入探究之中，如不解开这个谜，我们就会为之坐立不安，为之入迷。这种状态恰如宋代理学家陆九渊所说的：为学患无疑，疑则有进……小疑则小进，大疑则大进。极而言之，无疑则不进，不进则退。读书学习能深入持久，能探得其中真味的，一定是善于勇于质疑问难者。在课堂教学中，我们教师一定要善于指导学生有学必问，有读必疑，从而激发学生积极主动的思维状态。

　　如在学习五年级下册《跨越百年的美丽》时，有的学生问道："为什么课文在写玛丽·居里外貌的一句话'玛丽·居里穿着一袭黑色长裙，白净端庄的脸庞显出坚定又略带淡泊的神情，那双微微内陷的大眼睛，让你觉得能看透一切，看透未来'中再加上'那双微微内陷的大眼睛，让你觉得能看透一切，看透未来'？这句话是什么意思？"这个问题，看似简单不起眼，可是仔细分析与剖理，我们就会引导学生深入地理解课文中的一些难点与细节：如她看透名利,从而淡泊名利等等。同时,可以引导学生追问:"我们平时的人物刻画,也从外貌方面来写。一般而言,我们只会停留在眼睛的大小与单眼皮双眼皮等方面来说,而作者在'那双微微内陷的大眼睛'加了'让你觉得能看透一切,看透未来'这一内容有什么意义?"由此引发学生们思考这句话并逐渐领悟到,这句话带着作者的"感情、感悟、感觉"来写,起到了"画龙点睛"的作用,一下子赋予人物一种生动的活力与灵魂。体会作者表达的妙处,在自己的写作与作者的表达间找到一种反差,从而为改善自己的写作提供了范本意义。

李政道教授寄语中国年轻的学子说:"我们的祖先提出了'学问'两个字,就是要'学问问题',而不是'学答',没有问题就没有发展。"在教育教学中,教师要营创一种鼓励质疑的氛围,同时,还要有意识地让学生们归结质疑问难的常见方法。真正让学生们敢问、善问。"质疑使人避免盲目与盲从,避免被驯服与奴役,质疑使课堂成为寻找真理,发现真理,分享真理的首要地方"。教师引导学生学会质疑问难,也就是开启学生主动探索世界、探索知识、探索未来的大门。在不断地质疑问难中,学生真正地把自己置身于文本之中,与文本进行丰富的、深刻的对话。

二、 自由想象法

想象力是世界上最可宝贵的力量。想象改变世界,想象创造生活。正如爱因斯坦所说的:"想象力比知识更重要,因为知识是有限的,而想象力概括世界的一切,并且是知识进化的源泉,严格地说想象力是科学研究中的实在因素。"在某种程度上可以这样讲,文学艺术就是想象的艺术。著名的美学家朱光潜认为,文学价值的优劣与高下就取决于想象力的高远、开阔、奇异的程度。任何优秀的、伟大的作品都是作者奇妙的想象力的产物。而且也是熠熠生辉的想象力让读者为之如痴如醉、如癫如狂。如果没有了想象力,语言文字不过是一堆生硬的、干巴巴的符号,没有丝毫的质感、芬芳、光泽,令人望而生厌。想象力即是创造力。有了想象力，我们就可以创造出流光溢彩的文字世界，我们也可以创造出与现实世界不同的精神世界、心灵世界。朱光潜先生讲得十分明确而精到："欣赏和创造的距离并不像一般人所想象的那么远。欣赏之中都寓有创造，创造之中也都寓有欣赏。创造和欣赏都要见出一种意境，造出一种形象，都要根据想象与情感。"语文教学如果仅仅停留于简单的"读写背"，不关注激发与开发学生的想象力，必然使学生陷于"死记硬背"的泥潭。在想象的世界中，学生们才能感受到语文"万紫千红总是春"，才能透过文字看到一个个似无却有的虚灵的生活世界。而学生们的想象力越丰富，他们对语言就越敏感，对语文就越有兴趣。

叶圣陶先生认为，要领会作品的言外之意，必须"不能够拘泥于文字"，"驱遣我们的想象，才接触到作者的意境"。《盘古开天地》这篇课文描写盘古变化的一段是句式相同的语言，"他呼出的气息，变成了四季的风和飘动的云；他发出的声音，化作了隆隆的雷声；他的双眼变成了太阳和月亮；他的四肢，变成大地东、西、南、北四极；他的肌肤，变成了辽阔的大地；他的血液，变成了奔流不息的江河；他的汗毛，变成了茂盛的花草林木；他的汗水，变成了滋润万物的雨露……"教师激发想象，让学生感受神话魅力。师生进行有效合作，为学生营造了轻松、愉悦的朗读氛围。师问：这些句子，我们换一种说法，看是不是更能抒发我们心中的情？

师：你听——抬头看天，飘动的云，格外洁白，我知道，这是盘古呼出的气息。（老师很动情地说。）

师：放眼大地，辽阔的土地绵延千里，我知道，_____。

生：放眼大地，辽阔的土地绵延千里，我知道这是盘古的肌肤。

生：大地上，茂盛的花草树木，我知道，这是盘古的根根汗毛！

学生把书里的句子转换为"_____，我知道_____。"来说。

生：晶莹剔透的钻石，我知道，这是盘古洁白的牙齿。

生：地面上纵横交错的道路，我知道，这是盘古粗粗的筋脉。

生：我们这些可爱的小朋友，我知道，那是盘古的一个个细胞。

生：反复无常的四季，我知道，这是盘古起伏不定的心情。

著名的特级教师周益民先生提出，文本是模糊的"灰色系统"，很多形象并无确定性，只是一个轮廓。我按照自己的生活框架细致加工，把"灰色系统"转化为"彩色系统"，使得"我相信看到了自己实际没有看到的东西"，甚而获得"象外之象"，塑造出一个新形象。如何把平板的静态的文字转化为立体的动态的风景？如何将文本中有限的描述转化为内心深处无限的世界？这就需要想象力来驰骋，来耕耘。有了学生千姿百态的想象，文本的时空因此而扩大，因此而深厚。因想象的参与，学生的知、情、意、行等方面在文本的对话中，全然浸入激荡成美好的经验与体验。培根说过，想象是人身上的肉，若没有想象，人只不过是一堆骸骨。罗素也说过，缺乏想象力的民族是可悲的。我们理应引导学生在语文学习中发挥想象力，并最大化地培育想象力。

三、 图画展现法

诗歌或文学艺术最为重要的是对于事物形象的描述，通过言语刻画诗人的所见、所闻、所感、所想，从而营创一个富有诗情画意的世界。这就是我们经常所说的"诗中有画，画中有诗"。作为读者我们要努力地用心、用脑去翻译作者所描绘的意象。透过语言文字，我们要引领学生从字里行间读出一幅心灵的图画，读出丰富的形象，读出属于自己的可触可摸的生活。前苏联著名的教育家苏霍姆林斯基在《书和儿童的精神生活》中指出："会阅读——这意味着对语言的含义和优美之处，对其极其细腻的文采已很敏感。只有当学生的意识中字句跃然纸上，栩栩如生，并变幻着周围世界的色彩和旋律时，他才称得上是在'阅读'。"图画展现法，就是顺应学生"从文字转化成形象"的阅读心理，同时也是在发展学生内在阅读思维转化过程，将文字中无形无相的东西活灵活现地表现出来，并融有综合性学习的成分，起到了两全其美的功效。

　　小学语文教材中，不少文章形象可感，写人状物描景历历在目，呼之欲出，我们在教学时可以充分抓住这一特点，运用图画展现法来进行学习，使学生的思维"化隐为显，转意为象"，增强学生的语言敏感力与创造力，更好地养护他们的个性，培养他们的灵性。我们有位教师在讲解白居易的《暮江吟》时，在学生基本理解诗意的基础上提出，大家可以自由地画一画诗中的景物。学生们在诗歌的感发及教师的激发下，充分调动自己日常生活中所见的一些人物、景物……一时间学生们兴致勃勃地投身于"创作活动"。学生们呈现出这样的一些画面"夕阳、江水；一弯新月、草上的露珠"；"江水在夕阳的余晖中显得很宁静；夜里月儿如钩，露珠缀在花草树木间闪闪发光"……还有的学生还在上面添了诗人或其他的景物。学生们的画作各具色彩、各有个性、各有创意。例如教学《江畔独步寻花》这首诗时，有位老师问学生：如果根据这首诗画一幅画，你会画些什么？顿时，学生们兴趣盎然，各抒己见："我会画上一丛丛盛开的五颜六色的鲜花"，"我会画上几只翩翩起舞的蝴蝶在花丛中游戏"，"我会画上几只可爱的黄莺自由自在地啼叫"……在轻松愉悦的气氛中，学生不但理解了诗句的意思，而且在头脑中形成了鲜活的画面。在此基础上，教师趁热打铁，请学生们把看到的画面用自己的方式画下来。学生们或用蜡笔，或用铅笔画得不亦乐乎。在展示交流时，又是各具风貌，各有特色。在寻觅意象与描画图景中，学生们真切感悟到春天的美丽与大自然的勃勃生机，与诗人的感情交融在一起，入情入境。

　　确实，俄国教育学家乌申斯基说过，儿童是用形象、声音、色彩和感觉思维。在文与图的结合中，学生的思维带有更鲜明的形象与更强烈的情感，同时也会逐渐更主动、更精致、更深刻。

四、仿写拓展法

　　模仿是人类的主要本能和不可再还原的事实。亚里士多德说："模仿是人从孩提时起就具有的天性，人之高于较低级的动物的优点之一，就在于人是世界上最善于模仿的存在物，并且最初就是靠模仿而学习的。"在文学艺术诞生的源头探究中，我们也可以看到模仿说的影响，就是文学艺术是对自然、社会、人生的模仿。当然，我们这里的仿写，是指对小学教材中的一些名家名篇名段名句的模仿与化用。仿写就像学书法一样，必须经过一丝不苟一笔一画的临帖，或像学钢琴要练世界名曲乐谱一样。学生习作及言语学习是一个由模仿而创造的过程。正如朱光潜先生提出的，像其他人类活动一样，文艺离不开模仿，不模仿而能创造，那是无中生有，不可想象。仿写是对好词佳句的一种娴熟的、细致深入的理解。在仿写中，学生们能逐渐体会到每个词语的轻重、粗细、明暗与长短。这种揣摩是用内在的心灵节奏去对经典结构的感应与对接。在对原文原句进行仿写就是对言语表达结构及效果的认同与深入的学习。经过仿写训练，学生从中领会到美好的词语构造秉具的血脉、筋骨、气息，从而锻炼语言敏感力、想象力与创造力。鲁迅先生曾说："会模仿绝不是劣质，我们正应该学会模仿。会模仿又加以有创造，不是更好吗？"

俞玲英老师教学《鸟的天堂》一课，她在教点面结合描写群鸟纷飞的场景时，先让学生说说此时的大榕树是一番怎样的景象？（壮观、热闹、让人眼花缭乱）再把学生目光拉向点（那只画眉鸟）的描写。最后让学生倾听鸟儿们都在唱些什么？（此时播放多媒体。先是群鸟纷杂的叫声，逐渐一只画眉鸟的叫声清晰起来。其实这也是在听觉上暗示面和点的描写。）随后教给学生点面结合的写法时学生也较易领会。最后让学生照着文中的句式写一写生活中的某一场景。写这一环节可根据自己授课情况具体安排。有一个学生写星期天和小朋友在公园的一棵树上发现了很多蝴蝶，他就仿照《鸟的天堂》中写群鸟纷飞的句子："我们发现树上停着很多漂亮的蝴蝶。小琦走过去，摇了摇这棵树，便看见许多蝴蝶飞了起来，大的，小的，花的，白的。有的独自在空中翩翩起舞；有的像两个好朋友，一前一后飞走了，有的飞起来又落到树叶上，停在那里扑闪着翅膀。瞧，那只穿着黑衣裳的蝴蝶，轻盈地落在乳白色的花瓣上，扑扇着翅膀，似乎为自己的美而陶醉呢！忽然，又飞来两只，在黑美人的上空盘旋，可能是黑美人的追求者吧。"当然，这是程度较好的学生,但程度差的也能仿上一两句,也算是有所得吧!还有一个仿照《鸟的天堂》中写大榕树的句子来写西湖的菊花,这是学生写第二单元的观察日记中用上的:"盛开的菊花仿佛要把全部的美丽展示给游人,一片花瓣叠在另一片上面,不留一点缝隙。微风吹过,花瓣中的花蕊微微颤动,好像每一朵花都在孕育一个新的生命。这美丽而又迷人的菊花。"而原句是:"榕树正在茂盛的时期,好像把它的全部生命力展示给我们看。那么多的绿叶,一簇堆在另一簇上面,不留一点缝隙。那翠绿的颜色,明亮地照耀着我们的眼睛,似乎每一片绿叶上都有一个新的生命在颤动。这美丽的南国的树!"这是摘录式的仿写,但用得也很恰当,你能因为仿写而否定它吗?相反,通过模仿,名家的写作技法也就归他所有。

每一学期每一篇课文中都可以选择一些较典型的段落,让学生进行仿写。先用课文中的例子,引导学生分析某种段式结构的特点,然后让学生进行模仿。如要训练学生用总分结构段的写法,先让学生了解这种段式结构的特点是:总起句位于句首,是全段的中心句,然后围绕中心句子,把意思写具体。有一位学生模仿丰子恺的《白鹅》写爷爷的狗:"爷爷家有一条狗,它的独门绝技就是——叫。狗的叫声高亢有力,慷慨激昂。爷爷告诉我,农村里不装防盗门,只养一条狗就不怕小偷小摸的了。后来,我看到果然如此,只要有生人进来,狗必然大声叫嚷,像是警告,又像是威胁。甚至院子外面有人走过,它也要站起来大声叫上一通,直到那人走远了,才又躺下。真是一个尽职的看门'人'……"

唐代的刘知几在《史通》中谈到"模拟"时说:"夫述者相效,自古而然","若不仰范前贤,何以贻厥后来"。也就是说,模仿是一种写作训练的手段,没有借鉴便不会有新的发展。诸如此类的仿写拓展,在不断地培养和训练学生的语言表达范式,让他们学会触类旁通,学以致用。仿写是通向自由写作的第一步,是学会创作的第一阶梯。钱钟书先生曾说:"善用不亚于独创。"很多优秀的诗人,作家正是在模仿的基础上形成了自己独特的风格。谢冰心说过:"模仿是最深的爱慕",这种模仿最适合初学者,最适合小学生初学写作的阶段。

五、 查阅资料法

  语文学习的内容可谓是纵横宇宙、贯穿时空。为了让学生养成高远的眼界，开阔的胸襟，丰富的知识，深博的底蕴，语文学习不能画地为牢，坐井观天。而是要让学生在无垠的知识海洋中去探航，去汲取，去开创。书山有路智为径，学海无涯法作舟。在这种智慧与方法中，很显然，搜集信息、处理信息、运用信息的方法与能力显得至关重要。陶行知先生在《陶行知教育名篇》中写道：集是"搜集"的集。集照篆字的写法……好像许多钩钩一样。我们研究学问有了中心题目，便要多多搜集材料。我们便像"集"的篆写一样，用许多钩钩到处去钩，上下古今、左右中外地钩，前前后后、四面八方地钩，钩集在一起来，好细细研究。陶行知先生还提出："我们有了丰富的材料，便可以源源本本的彻头彻尾的来研究它一个明明白白，才能够真正理解这个问题的症结所在，才能够'迎刃而解'，才能够收得'水到渠成'的效力。"新课标提出："学会使用常用的语文工具书，初步具备搜集和处理信息的能力。"在课堂教学中，每个学生收集到的资料不尽相同，学生把查到的课外资料补充进课堂，不仅拓展了教材，还能充分利用学生手头的资源，省时高效，达到资源共享。

  孙巧妮老师写道，《威尼斯的小艇》是一篇描写异域风情的课文，学生不了解威尼斯的人文，不了解威尼斯的地理特征，当然也不理解为什么小艇能成为威尼斯的主要交通工具。课本是有限的，而知识是无限的。学生的潜力是无穷的，课外的资源是丰富的，教师的高明之处是发掘他们的潜能，让他们主动地获取知识，积极地交流自己的学习收获，达到资源共享。学生查找关于威尼斯的资料，自主探究这一座城市的奥秘，解答心中的疑惑。课堂上，学生们纷纷展示所得。有的学生展示了威尼斯的美丽图片：那一个个岛屿，一条条河道，一座座桥梁，让学生不禁感叹威尼斯不愧有"水城、桥城、百岛城"之称。有的学生一句话介绍了威尼斯：威尼斯城内没有汽车、自行车，小艇就是"公共汽车";这个不到 8 平方公里的城市,平日里大运河真的像一条熙熙攘攘的大街一样,各式船只往来穿梭其上……这样的积累交流,激发了学生学习本课的兴趣,丰富了学生的知识,为学文很好地服务。

如在学习《生命 生命》一文时,学生查阅有关作家杏林子的资料,学生了解到了很多作者的事迹:"杏林子 12 岁就因病辍学了,数十年她坚持自修,成为台湾文坛上的巨星,她残而不废,不愧为生活的强者。""杏林子一生积极开朗,富有爱心,她的生命因爱而有了光彩。""即使在病痛的折磨中,杏林子仍然坚持写作,她的作品充满了求生的意志,曾感动和鼓舞了无数人。"……这样,对于这篇课文中的一个难点:作者如何使自己的生命焕发光彩?学生结合查阅的资料就可以非常充分地理解与领悟其中的意义。不但可以化难为易,而且可以引发新义。

叶圣陶与夏丏尊在《文章讲话》中谈道,阅读不是没事做闲消遣,无非要从他人的经验中取其正确无误的、于我有用的,借以扩充我的知识,加多我的经验,增强我的能力。语文课程标准指出:现代社会要求公民学会运用现代技术搜集和处理信息的能力。还指出语文课程应该是开放而富有创新活力的。引导学生在学习时搜集有关资料。在语文学习时,我们要善于引导学生由近而远,由点到面,由小而大地不断扩充与拓展,以获得更为丰富的知识背景。同时,更有利于学生自身对文本本身的理解与阐发。

六、 情感朗读法

吕叔湘先生曾介绍过 20 世纪 20 年代北京大学一位美国女教师克拉克夫人教莎士比亚戏剧课的例子。上课她和学生一起念,她念一段,学生也念一段,念完了,她就问:"有什么不懂吗?"所有需要解释的地方解释完了,她又问:"你们觉得这一段写得好不好?"学生说:"看不出。"她就说:"再念一遍,再念一遍。"她又和大家一起念。念完了,她又问:"全懂了吗?"可学生的反映不那么活跃。她又说:"再念一遍,再念一遍。"于是又念了。就这么念来念去，大家就觉得这个戏写得不错，是写得很好啊！好了，就下课了。吕先生说的"念"，就是朗读。从吕先生的介绍中，我们可以看出，早在几十年前，外国老师就十分强调朗读了，强调自主学习、自我体验了。当大家念得觉得"这个戏写得不错"时，实际上就是把戏中的人物读活了。徐世英先生曾将朗读与讲解作过精辟的比较，他说："讲解是分析，朗读是综合；讲解是钻进文中，朗读是跃出纸外；讲解是摊平、摆开，朗读是融贯、显现；讲解是死的，如同进行解剖，朗读是活的，如同赋作品以生命；讲解只能使人知道，朗读更能使人感受。"著名的特级教师王崧舟指出，整体感知主要靠读，有所感悟主要靠读，培养语感主要靠读，情感熏陶主要靠读，积累语言更要靠读。正如清人唐彪所言："文章读之极熟，则与我为化，不知是人之文、我之文也。"

小学语文教材中的不少文章文质兼美，只有通过声情并茂的朗读，学生们才能入情入境，在脑海中活灵活现地再现文本的世界。叶圣陶老先生在《语文教学二十韵》中说："作者思有路，遵路识斯真；作者胸有境，入境始与亲。"成功的朗读往往能够给人一种身临其境，如闻其声，如见其人，如历其事的真切之感。

邢淑红老师认为学生只有声情并茂地朗读时，他们的心灵才能与文本合二为一，才能真正走进文本，去感受文中的思想感情，丰富自己的情感体验。她常用的激励手段是："小小朗读家就是我。"在学生对文本有了自主的理解之后，引导学生读出个性，读出思想，读出自己的趣味。比如《小壁虎借尾巴》一课的第2自然段"没有尾巴多难看哪！向谁去借一条尾巴呢？"很简单的两句话，但是学生的自主练习，却带来不同的思想碰撞。一小队读得很轻很轻，他们说："没有尾巴多难看哪！小壁虎觉得自己的样子很难看，都不好意思让别人看见了。"二小队读得很响亮，很急促，他们认为："这两个句子中，一个用了感叹号，一个用了问号，一定是小壁虎心里很着急呢！"三小队读得轻而缓，还皱起了眉头，他们说："小壁虎没有了尾巴一定很难过，而且向谁去借一条尾巴呢？能借到吗？它一定很担心。"自主学习后的个性化朗读在这一课里被体现得淋漓尽致。长期这样的朗读训练，学生不仅在朗读能力方面会得到提高，对文本的感悟能力也会相应增强。

《语文新课程标准》指出："各个年级的阅读教学都要重视朗读，要让学生充分地读，在读中感悟，在读中培养语感，在读中受到情感的熏陶。"因此，在课堂上教师要把读的时间还给学生，尽可能多地提供学生自主读书的时间。"书声琅琅"的是语文课堂教学的重要特征之一。读中感悟，读中积累是我们母语教育传统经验的精华。有人说：如果说写文章是一种创造，朗读则是一种再创造。叶圣陶老先生曾说："文字是一道桥梁，那边的桥堍站着作者，通过了这道桥梁，读者才和作者会面。不但会面，并且了解作者的心情，和作者的心情相契合。"朗读，就是学生过桥梁的过程。通过朗读，读者与作者产生共鸣。

叶圣陶先生在《文章讲话》中提出：所谓美读，就是把作者的情感在读的时候传达出来。这无非如孟子所说的"以意逆志"，设身处地，激昂处还他个激昂，委婉处还他个委婉，诸如此类。美读得法，不但了解作者说些什么，而且与作者的心灵相通了，无论兴味方面或受用方面都有莫大的收获。

七、 动手实践法

俗话说得好，百闻不如一见，百见不如一干。动手实践是获得真知，探求真理的重要方法。通过动手实践，我们能将知识转化为行动，并且知识能够刻骨铭心地深植于思维意识深处。我们一方面说心灵手巧，另一方面也可以说手巧心灵。手的操作自如，手的运用自由，在锻炼着心与脑的聪明灵慧。卢梭说过，我们最初的哲学老师就是我们的脚、我们的手和我们的眼睛。我们通过手来认识世界、探索世界、改造世界，也通过手来创造"人的智慧"。在小学语文课堂教学中，我们也要因材施教地引导学生通过动手实践来体验语文，触摸思维，生发思想。正如前苏联伟大的教育家苏霍姆林斯基说过，运用自如的手是意识的伟大的培养者和理智的创造者："最主要的是：要让学生能够同时看见、观察和动手。哪里能做到这三点，哪里就有生动的思考，使智慧得到磨练。"我们相信学生的智慧就在于手指头上。通过动手实践就能够极大限度地开发学生的积极思维，从而进行更为深入的学习与研究。陶行知先生指出，中国教育之通病是教用脑的人不用手，不教用手的人用脑，所以一无所能。中国教育革命的对策是手脑联盟，结果是手与脑的力量都可以大到不可思议。

欧丽燕老师写道：小学生活泼好动，好奇心强。因此，在课堂教学中让学生动手实际操作是提高自主学习能力的有效途径。如《我们的玩具和游戏》一课时，我让学生展示自己制作的玩具。这时有的同学折出了纸飞机，有的做了陀螺，还有的做了毽子……他们在玩中体验了乐趣。然后我让学生根据自己做的玩具，模仿课文写一段话。这时候学生有自己的生活经历，兴趣盎然，自主学习的氛围更浓了。再如教学《称象》这课，学生以小组为单位讨论称象的办法，并且亲自动手去试一试，学生通过自己准备工具、设计方案、动手去称，很容易就明白了曹冲是怎样称象的，在此基础上，教师相机引导："你还有什么办法称出大象的重量？"一石激起千尺浪，学生有的说"用地秤"，有的说"用汽车代替石头"……可见，直观、具体、形象的动手操作，可以化难为易，变抽象为直观，让学生乐于接受，并且能够始终保持着浓厚的自主学习兴趣。

吴炫如老师提出在语文学习中也可以通过实验来帮助学生理解并攻破学习的难点。如：传统课文《乌鸦喝水》，是一篇融趣味性、常识性为一体的课文，对于乌鸦为何能喝到水，这涉及常识性的知识，但对低年级的学生不易理解，可又不必讲解。这辅以必要的实验操作，使学生通过实验操作的过程弄懂课文中涉及的自然科学知识，为深入理解课文内容打下基础。在教学小乌鸦如何喝到水时，可以让学生们做"小乌鸦"喝到水的实验，让学生获得感性认识，这样既增强了学生学习课文的兴趣，又扩大了学生的知识视野。美国华盛顿国立图书馆的墙壁上写有三句话："我听见了，但可能忘掉；我看见了，就可能记住；我做过了，便真正理解了。"可见动手操作是多么重要。让学生在做中发现、做中感悟、做中理解、做中解决，从而把枯燥的讲授过程变为动态的探索过程，以此来激发学生的探索兴趣。

瑞士著名的心理学家皮亚杰认为，活动是认识的基础，智慧从动作开始。"认识来源于动作，客观通过动作转化为主观"，"思维就是操作"，"知识是经常与动作或操作联系在一起的，也就是与转化联系在一起的。"在动作实践中，学生们通过身体来探索世界，来确证自我，就是杜威倡导的"从做中学"，在他看来"人们最初的知识和最牢固地保持的知识，是关于怎样做的知识……应该认识到，自然的发展进程总是从包含着从做中学的那些情境开始"。

八、 情感体验法

好的文章，都是情动于中，而言表于外。在我看来，写作是一种表情达意；而读书则要体情会意。日本的池田大作在《我的人学》里谈道，一句话具有一颗心。的确，每一言语中都闪动着、跳跃着一颗颗鲜活的心；每一词句中都贮存着、展示着一个个生动独特的精神世界。语文教育过于技术化、工具化、操作化，导致了教学中"感觉麻痹"、"碎尸万段"的惨状。吕叔湘先生曾在《中小学语文教学问题》一文中谈到这样的一个典型例子：有一篇课文，学生自己看到时很受感动，掉下了眼泪。后来上课讲到那一课时，老师就分析时代背景、作者生平、段落大意、中心思想、写作方法等等，"分析来，分析去，左分析，右分析"。结果那个学生说："老师分析完了，我漠然无动于衷，我的眼泪不出来。"实际上，语文最有灵性的部分只能意会不可言传，最具情韵的部分是在不断品味中获得渐悟。小学语文教学重要的是要引导学生用自己的心来体贴作者的心，用自己的情来感受作者的情，用自己的体验来领悟文本的情感世界与心灵生活。

郑海英老师在教学《送元二使安西》这一首诗时，引导学生将文字化为画面，体验诗的"意象层"。她认为，情要靠"象"去显，当平面的诗句通过学生的想象生成为一幅幅鲜活的画面、一幕幕立体的场景时，学生就能投身其中，感诗人所感，想诗人所想，悲诗人所悲，甚至于看到景外之景，悟到情外之情。于是，诗句背后的情味和意蕴就在"象"的召唤和引领下，喷涌而出，一泻千里，这就是所谓的"意境"了。品读诗歌的意境，在本诗中，诗人眼光所及之处，是漫天的雨丝，依依的柳枝，泛着琥珀光的酒，哪一样不染上他的愁情别意？哪一样不是构成意境的元素？为此，她设计了"三叹"的环节，即"劝酒"、"感景"、"盼归"，下面选择"品酒"与大家作交流：

师：清晨小雨轻扬，柳荫下，诗人与好友正在话别。千言万语也难说尽心里的情意，千言万语只化作手中的这杯酒。（对一生作举杯状）劝君更尽一杯酒——

生：（作举杯状）西出阳关无故人。（作饮下状）

师：喝下了这杯酒？

生：喝下了。

师：可我怎么觉得这不是一杯酒，这里面分明还有别的滋味！你品出来了吗？

生：苦涩的滋味。

师：苦涩从何而来？

生：从送别而来。

师：送别自己的好友，一杯酒够不够？（指一生）

生：不够。

（师与生作对饮状）

师：劝君更尽一杯酒——

生：西出阳关无故人。

师：你还能品出什么滋味？

生：悲伤的滋味。

师：还有吗？

生：我觉得这杯子特别沉，因为这杯里盛的不仅仅是酒，还有王维对元二的深厚情谊。

生：这是一杯连心的酒。

生：这是一杯送别的酒。

生：这是一杯祝福的酒。

  教学中正是引导学生对"酒"的推敲、想象、体悟中，感受到杯酒之外的味道，是离别的苦涩之味，是离别的不舍之味，感受到诗人那种客中送别，欲言还休，以酒相代的复杂心情。所以，欣赏古诗词的关键在于"入境"，所谓"作者胸有境，入境始与亲"，只有"入境"才能领会诗人的真情实感，才能理解古诗词美的内涵，正所谓入了"玄之又玄，众妙之门"的境地。

  著名的特级教师王崧舟说道：谁都知道，感情只能用感情去触摸，感情只能用感情去领悟，感情只能用感情去交换。文章不是无情物，所谓"缀文者情动而辞发，观文者披文以入情"。情感体验法，就是王国维先生所说的，以我观物，则物皆着我之色彩。我们带着生命中的喜怒哀乐、带着人生的悲苦感奋等等情感来晤对饱含着情感汁液的语言文字，从字里行间读出文本本身所描绘的情感世界与生命流动。"登山则情满于山，观海则意溢于海"，教师要善于引导学生"彻底打开自己的生命，让生命中的每一个细胞，每寸肌肤去感受、去触摸、去体认"文本中比山还高、比海还深的情蕴。

九、圈点批注法

  徐特立先生提倡的，不动笔墨不读书！在读的过程中，要逐步养成边读边做记号，逐步具备批注的能力。让孩子在边读边思考中所产生的感悟，思考的问题通过圈圈点点，批批画画记录出来。只是一味地读，而缺乏相应的写，吸收与输出比例失调，必然导致精神机体的失衡。读，没有经过写的咀嚼、消化、梳理、提升，可能一时间心有所动，然而，没有记下来，一切稍纵即逝，再回忆已是七零八落甚至成了烟消云散。写催迫着你全身心投入在字里行间揣摩研味，也唯有这样才能有所发现，有所领悟。于是，我们就可以在自己心灵的触动处、思想的开悟处，兴之所至地圈点批注。这里的注解是我们情智与作者才情的深层的碰撞与交响。我们和作者一同创造一种思想的和弦——当翻开自己读过的每一本书，重读曾经或繁或简的随记，时常会激起更多的、更深的回响。这些随记是我们思想燃烧的痕迹，是我们心情激荡的浪花，是我们对于现实与理想的真诚的回应。

美国著名的教育家斯蒂芬·布鲁克菲尔德在《批判反思型教师ABC》一书中意味深长地说道："和书的对话不是说出来的，而是写下来的。如果有些书在边缘空白处写满了评语、书页翻卷并且夹满了发黄的字条，这些书就是我们曾经与之对话的书。"当你读到书中与你相呼应的观点与做法时，你可以批注；当你读到书中与现实相矛盾之处，你可以质疑问难；当你读到这本书与那本书各执一辞时，你可以细心辨析；当读到这本书与那本书英雄所见略同时，你可以引喻连类……在此基础上，我们还可以进行思想的深加工，围绕某一主题进行写作。至此，写作便水到渠成，自有见地。随读随记，那么，每一本读过的书中都有我们的呼吸，我们的气息，我们的印记。这才是深入于心、刻骨铭心的阅读。

郑少卿老师觉得，学生在学习课文时，肯定会遇到自己印象深刻的语句，并有自己的感想体会以及不理解的地方，可以要求学生用不同的符号标出。比如：可以用"＿＿"标出自己印象深刻的段落句子，并在旁边加上小批注，及时捕捉阅读的第一感受和体会，这是非常珍贵的。学习中遇到不理解的地方可以用波浪线标出，在旁边打上一个"？"。比如学生在预习《月光曲》一课时，画出自己印象深刻的句子："盲姑娘听得入了神，一曲完了，她激动地说：'弹得多纯熟啊！感情多深哪！您，您就是贝多芬先生吧？'"并且在旁边做上了这样的批注："盲姑娘不仅热爱音乐，而且非常懂得音乐，贝多芬觉得遇到了知音，所以弹了一曲又一曲。"这是多么令人珍惜又惊喜的阅读感悟啊！

这种传统的批注法，运用于课堂教学，使教学异彩纷呈，学生感受到阅读的乐趣与成功，教学氛围活跃而不失序，开放而不松散。这样的标记就意味着学生与文本的逐渐充分的、深入的交流和对话。学生带着自己的心和脑在文本的世界中巡游，并采撷思想的浪花。叶圣陶十分重视阅读时作标记的方法："在阅读时，标记全篇或全书的主要部分，有力部分，表现最好的部分，这可以帮助了解，值得采用。标记或者画铅笔线或者做别种符号都一样，随后依据这些符号可以总结全部的要旨，可以认清全书的警句，可以辨明值得反复玩味的部分。"鲁迅提出，读书要眼到、口到、心到、手到、脑到。胡适先生则是一语中的地称，手到是心到的不二法门！只有随读随感随记，才能促使我们"入书出用"，入得亲切，用得真切。

十、 模拟角色法

英国著名的教育家罗素在《游戏与幻想》中谈到，游戏与装扮在儿童时期乃是生命攸关的需要，若要孩子幸福、健康，就必须为他们提供玩耍和装扮的机会。在角色模拟中，学生们揣摩各种各样的人物的心理活动、生命姿态、情感体验，从而为他们理解他人、理解社会提供良好的基础。

课堂教学中表演的功能体现为，语言形象的还原，语言蕴含的展示，语言情感的展示，文本中心的升华。著名的特级教师周一贯先生提出，在阅读教学中，让学生即兴表演，是促进其对课文全身心感受的有效手段。"因为从教育心理的角度可以将教育目标分为三大类，即认知领域、情意领域和身体运动领域，而课堂表演恰恰能兼顾三者，具有很强的综合性。

杨旭青老师在教学《亡羊补牢》一课时，是这样处理的，对于这样一篇短小简单，学生又熟悉的文章，教师可以大胆地引导学生开展充分的自学，学生在完成常规的预习后，在学习小组里排演课本剧，从中评选最佳的农夫、街坊和学习小组，教师对学生提出了要求，不但在语气和动作上要表演得精彩，还要告诉观众你说话、表演时心里是怎么想的。课堂甩开了传统的讲读，在学生正确朗读完课文后，直接开展学生的表演，反馈呈现出来的是一派生动活泼的景象，以表演这种学生喜闻乐见的形式，加上比赛的渲染，学生不仅了解了这篇寓言故事的寓意，同时揣摩并了解了人物的内心。

许嘉艳老师在上《荷叶圆圆》的公开课中作了一些尝试。其教学片段如下：师：小水珠、小蜻蜓、小青蛙、小鱼儿是怎样和荷叶交朋友的？

生1：小水珠躺在荷叶上，小蜻蜓立在荷叶上，小青蛙蹲在荷叶上，小鱼儿在荷叶下笑嘻嘻地游来游去。

师：小朋友们，你们现在就是这些可爱的小水珠和小动物们了！

师：（走向一学生）你是谁啊？

生1：我是小鱼儿！

师：（转向另一学生）你是谁啊？

生（争先恐后）：我是小水珠！我是小青蛙、我是小蜻蜓！

师：这么多的小水珠，这么多的小动物！现在，就让我们一起来表演！

师：荷叶圆圆的，绿绿的。小水珠躺在荷叶上。怎么躺？

生1：就近斜躺在靠椅上。

师：哟！这滴小水珠躺得真舒服啊！（其他学生一边笑一边纷纷模仿）

师：小蜻蜓立在荷叶上、小青蛙蹲在荷叶上、小鱼儿在荷叶下笑嘻嘻地游来游去。

（生随着老师的朗读在教室里自由地表演各种动作，有的立在椅子上，有的在桌子下"游来游去"……）

师：刚才我们做的是慢动作，可是小伙伴们看见一片片圆圆的、绿绿的荷叶，心里恨不得立刻就同荷叶交朋友呢！你们瞧！

（4名学生根据内容进行表演。）

师：好玩吗？还想玩吗？

生：想，还想玩！

师：好，再玩一次。

（生又根据自己的理解和老师一同表演。）

师：我要对小朋友们进行现场采访了，请问，你们玩得开心吗？好玩吗？有趣吗？

生：……

师：那就让我们带着这样的感受，把这些动作送到句子里面，再用你们的声音表达出来。如果你是快乐的小伙伴，就请你把自己的快乐表达出来。

（生快乐地读第 2~5 自然段。课件播放动画）

表演教学法，引导学生深入地体会文本的情境，体验文本的深层情感，体味到语文的快乐。课堂表演其根本目的就在于"活化阅读内容，动化阅读过程，趣化阅读形式，让学生在充满情趣、充满形象、充满情感的活动中，获得语言情境的深切感受，得到语言情感的深刻感悟，从而让他们得到情感的熏陶、语言的发展"。

十一、读写结合法

黎锦熙先生认为，光靠讲读，学生对于语言运用的感受不可能十分深切，所谓"眼高手低"，就是这样产生的，学生只有通过自己的写作，通过写作过程中的思索、推敲、揣摩、修改等等，才能真正领略到语言运用的规律以及其中的甘苦。叶圣陶与朱自清先生指出，"阅读是吸收，写作是倾吐，倾吐能否合于法度，显然与吸收有密切的关系"。读写不能相分相离，而是相辅相成，如鸟之两翼，车之两轮，缺一不可。通过写可以不断地将读所汲取的一些笔势、气韵和营养不断地得以拓展，得以灵活运用。在写中学会表达，并提升自己的专业素养。

于永正老师曾说过："谁能让学生喜欢读书，喜欢写作，就意味着教学的成功；谁能让学生会读会写，并养成习惯，就是最大的成功。"徐迎辉老师认为，作为语文教师首先应具有语文意识，备课时细读文本，发现文本的秘妙之处，才能有效地引导学生品词析句，领悟作者的写作意图，学习作者的表达方法，努力发掘课文中读写结合的点，教给学生写作的方法，在不断的学习实践中逐步提高写作水平。例如《北京的春节》一课，只要认真研读，不难发现以下几个读写结合的知识点：A. 学习围绕中心句，把一段话写具体。B. 学习课文按时间的顺序，详略得当的写作方法。C. 联系生活，抓住特有的风俗习惯来写作，写写自己是如何过春节的。D. 在教学课文的过程中，潜移默化地给予梳理、点拨，学生必然会茅塞顿开，将以上几个读写结合的方法运用在习作之中，学有所得。确实如著名的特级教师张化万先生所说，读写结合中的"写"，既是阅读内化的语言、写法的模仿、迁移和创造；也是阅读中激活的生活记忆、熔炼的情感态度价值观与认识的抒发与倾吐；还是借"写"叩问文本，进入语境和文本对话，凭借词语进行阅读分析、概括提炼文本主题、激活想象的过程。

　　苏教版语文第二册《鲜花和星星》是金波撰写的一首儿童诗。刘少珍老师在教学这首诗歌时作如下的思考及教学处理。"我最喜欢夏天里满地的鲜花：这里一朵，那里一朵，真比天上的星星还多。到了晚上，花儿睡了，我数着满天的星星：这里一颗，那里一颗，真比地上的花儿还多。"全诗共两部分，分别描写了地上的鲜花多和天上的星星多，体现了儿童生活的情趣以及孩子对身边事物和美好大自然的关注和热爱。这首诗歌语言浅显易懂、生动活泼、贴近生活，学生不难理解。当教学完全文后，她设计了一个"启发想象，指导说话，争作小诗人"的教学环节。因为对于一年级学生来说，指导说话训练是非常重要的。课堂教学中教师要善于创设说话的情境，让学生想说、乐说。所以创设一个让学生当小诗人来作诗的情境，实际上就是开发教材，创造性使用教材，这样训练学生的潜能，激活思维，既锻炼了学生的口头表达能力，进行了语言的积累，又实现了语文学习从课内到课外的延伸。如：

……

　　师：这首诗歌多美呀！小朋友们想不想像作者这样也写出这么好的诗呢？

　　生：想！（异口同声，非常兴奋）

　　师：好吧！那我们就试试？

　　师：看，这是什么？（点击课件，出示第一幅菊花图）

　　生1：哇！好美的菊花。

　　生2：许多菊花。

师：（微笑地点头，继续点击课件，出示第二幅菊花图）

生3：满地的菊花。

师：菊花什么季节开？（秋天）那我们也可以说——

生4：秋天满地的菊花。

师：小朋友们说得好极了，下面我们来作诗，看能不能成为今天的小诗人？（点击课件）

我最喜欢秋天满地的菊花：

这里_____，

那里_____，

真比_____还多。

学生自由思考，不一会儿陆续举起了小手。

生1：我最喜欢秋天满地的菊花，这里一朵，那里一朵，真比地上的牛羊还多。

生2：我最喜欢秋天满地的菊花，这里一朵，那里一朵，真比天上的星星还多。

生3：我最喜欢秋天满地的菊花，这里一朵，那里一朵，真比森林里的树木还多。

……

学生相互评议，认为他们说得好，响起了热烈的掌声，评选他们为"小诗人"。

师：小朋友们说得真不错，这么快就学会了像课文那样作诗。但这还不能算得上是"小诗人"。（点击课件）但是，如果你能自己独立地创作一首，那才算是真正的小诗人。谁敢来挑战？

我最喜欢_____：

这里_____，

那里_____，

真比_____。

屏幕刚一显示，学生纷纷高高举起了小手。

生1：我最喜欢秋天飞来飞去的蝴蝶，这里一只，那里一只，真比地上的花儿还多。

生2：我最喜欢天上的白云，这里一朵，那里一朵，真比地上的草还多。

师：白云是不是更像小羊呢？

生2：我最喜欢天上的白云，这里一朵，那里一朵，真比地上的小羊还多。

师：恩，更贴切了。

生3：我最喜欢天空中飞翔的小鸟，这里一只，那里一只，真比水里的鱼儿还多。

师：真不错，你真注意观察，如果把"水里"改成"河里"是不是更好呢？

生3：还可以换成"大海"！

师：对！

生4：我最喜欢森林里绿绿的小树，这里一棵，那里一棵，真比天空中的白云还多。

……

小组内交流，把自己作的诗读出来与他们分享，互相评一评。教师巡回聆听指导。

师：小朋友们真不简单，能作诗了，祝贺这些成为小诗人的小朋友。那么课后，大家还可以把自己作的诗跟同学、老师、爸爸妈妈交流一下，或把它写下来，下节课我们开个赛诗会，怎么样？

生齐说：好！

……

苏霍姆林斯基提出，孩子是天生的诗人。语文教学要充分关注孩子的创作潜能，上述教学中，让学生充当"小诗人"的角色，模仿课文中的句式，进行模仿，大胆地表达对生活的感受。既能发挥他们的才干，又能很快促使他们进入双向互动的语言训练。使师生、生生之间的交往热烈起来，为学生搭起了舞台，弘扬学生的个性，激活了学生思维，激发了学生观察世界、热爱生活的意识。教师提供创作舞台，积极引领学生自由地想，大胆地说。不断地探讨、感悟、交流，在动口、动脑中既加深了学生对身边事物和大自然的关注，又培养了学生的创新意识，使学生的创新思维和创造能力得到了提高，也使学生的个性得到了充分的发展。

著名的特级教师王崧舟先生认为，用"写"的任务来驱动"读"，确实能使读写教学收到事半功倍的成效。胡适先生认为古人所说的读书三到——"眼到、口到、心到"是不够的，须有"四到"——眼到、口到、心到、手到。"手到才有所得"、"发表是吸收知识和思想的绝妙方法"。潘新和教授提出"写作本位"的教学观，他认为，写能使读时不明晰的变得明晰，能使思维精密化、感受语词化、思想条理化。

十二、 图表说明法

在描述头绪繁多、过程复杂的事物时，我们时常运用"图表"的方式来说明。它能够化繁为简，化难为易，让人一目了然，清清楚楚。图表，简洁明快，有利于培养学生概括能力，让学生在图表运用中获得程序性知识，有利于培养学生思维的条理性与严谨的逻辑性。图表说明法类似于苏联教育家沙塔洛夫创造纲要信号法。纲要信号是一种直观图示，具有概括性强、逻辑性强和直观性强的优点。它要求把教材中大量复杂的知识内容，归纳概括成简明扼要的纲要信号，即绘成鲜明的图形、醒目的符号，并注明简洁的语言文字。在学习中运用纲要信号图示便于提纲挈领地理解和掌握知识的要点及其逻辑联系。由于这些纲要信号充分利用了形象思维、逻辑思维、辩证思维和立体思维的特征，因而可以培养和促进学生智力的发展，可以用较少的时间，获得更大的学习成效。

有的文章比较抽象，加之学生没有亲身体会，在理解上产生了一定的困难，为了充分调动孩子学文的积极性，把枯燥烦琐的语言文字设计成生动活泼的图文题，来辅助教学。如有位老师在教《詹天佑》一课，便引导学生把抽象的语言还原成直观实物，用"简笔画"、"草图"来进行"说话"，描述"居庸关"和"八达岭"隧道，学生通过"两端同时向中间凿进法"和"中部凿井法"的示意图、板画演说，动脑、动手、动口，调动多种感官，这样从"画面"到"语言"，从"阅读吸收"到"整理内化"，学生获得"语言形象"与"画面形象"的一致性，触发思维的兴奋点，加深对课文的理解。

有位老师在《大理三塔》一文的阅读教学中，引导学生自读自悟课文的内容，然后试着用简笔画把文中的画面表现出来，如下图。在汇报的过程中选择画得最好的作品呈示在黑板上，不足的地方师生略加修改。然后请简笔画的作者充当一名小小导游员，依据自己的简笔画边指画边解说画面的内容，说漏了，其他同学补充；说错了，引导学生订正。学生能把画面说清楚，这说明学生在阅读的过程中已能体会到作者介绍事物及文章表达的方法。通过简笔画，以画导读、导说。学生对文本的理解也就更加生动、深刻。这既有利于培养学生的阅读能力，又有利于培养学生的听、说能力。在阅读教学中，依据课文特点，合理运用这种方法。比如：在教学《爬山虎的脚》时指导学生画出脚的特点，教学《冀中的地道战》时要求学生画出地道的样式特点，教学《蛇与庄稼》启发学生画出蛇、鼠、庄稼的关系图。运用这种方法，有效地提高了学生阅读的效率和质量。

纲要和图表是"以特殊的形式写在纸上的一组供学生思考的关键性词语，符号或其他信号，它们能使学生把课文加以"压缩"或"扩展"。学生在学习时，可以默绘这些纲要和图表。首先掌握思路、然后再补充事实和具体材料。可以说现代教学方法的精髓是让学生在教师指导下，充分理解教材的逻辑结构图式，然后在理解的基础上记忆和运用，从而逐步使学生掌握学习方法，教会学生学习。

图表说明法，借助简洁明了的线条或关键词语，引导学生进行内在的知识建构，让学生记得深、记得快、记得牢、用得出，学生时时都能体会到一种"解放感"、"轻松感"，感受求知欲得到满足、好胜心得到鼓励和创造性得到发展的"幸福感"。

十三、小组合作讨论法

小组合作讨论法在目标相互依赖、资料相互依赖、角色相互依赖、奖励相互依赖的关系中进行学习的。这样就自然而然形成了天然的信赖关系,为良好的学习互动打下了温暖的底色。小组合作学习改变了在传统集体教学师生单维交流中,教师垄断了整体课堂的信息源而学生处于十分被动的局面,学生的主动性、创造性也因此得以充分的发挥。"石本无火,相击乃发灵光;水本无波,相激乃成涟漪",小组合作学习中,学生们可以集思广益,可以群策群力,相互启发,相互碰撞,共享成功,共享欢乐。就是蔡元培所谓的"独乐乐不如众乐乐"!

张楚涵老师在教学《画家和牧童》一课时,其中有个环节就是小组合作讨论学习,学生们共同学习,共同探究,切实有效。具体如下:

师:大家看了戴嵩的话是如何评价的?下面请同学们以四人为一个小组,合作学习课文的后半部分。出示学习提纲:

1. 组长组织组员以喜欢的形式读课文的第3~6自然段。
2. 讨论交流:不同的人是如何说的?他们的态度如何?

(依据学习提纲教会学生合作解决问题,培养学生的合作意识。)

师:请学习小组(一组)汇报学习成果。

师:对戴嵩的话,大家众说纷纭,让我们读读他们的话,体会人物不同的想法。

电脑出示商人与教书先生所说的话。(课文的第3、4自然段)

(学生指名读、互相评议、自己试读、同桌互读、互评、齐读;生生互评,让学生自读自悟,尊重学生独特的感受,鼓励学生说出自己的见解。)

教《田忌赛马》一文时,陈青畅引导学生学习了第一场比赛和第二场比赛后，分小组合作学习、讨论，鼓励他们认真思考一下：除了文中孙膑提的计策，马的出场顺序还有哪些搭配方法？学生个个兴趣盎然，纷纷指出还有四种方案可实施，但这四种方法都不能让田忌取胜。当时我很惊讶于学生在如此短的时间里能列出并肯定排除了取胜的可能性。没想到学生又追问："老师，如果齐威王不轻敌，及时推行孙膑的策略，那下两场比赛，田忌还有没有可能取胜？"我及时给予肯定和鼓励学生的问题提得好，并进一步引导学生进行评议。一下子，全班学生的积极性被调动起来，纷纷举手发表自己的见解，这样，课文中蕴含的内容越辩越明，学生更加深刻地理解文意。

有位老师在上《新型玻璃》的预习汇报课时，问学生：你们喜欢用什么方式来汇报自己的预习成果？同学们畅所欲言，最后同学们按各自的喜好分成六大组，每组可以用多种形式汇报每种玻璃的特点。结果，教学效果出奇的好。有的小组采取演小品的形式；有的小组是以快板的形式；有的则以拍卖会的形式；有的则以广告的形式；有的以联唱的形式（自编词、曲），形式多样，各有创意。把六种玻璃的性能、特点如数家珍似地呈现出来，整个课堂气氛活跃，同学们受益匪浅。他们不仅通过多种汇报方式掌握了六种玻璃的特点，而且又在汇报过程中，提高了他们的创新能力和表达能力，还培养了合作探究的良好习惯。

明代学者顾炎武说：独学无友，则孤陋而难成，久处一方，则习染而不自觉。合作学习能够扩大人的胸襟，学习者转益多师，而不是夜郎自大。同时，合作学习还能给人带来知识增长，思维互启，心灵感通的快乐。著名的教授裴娣娜对于"合作学习"的目标定位为：培养学生的社会适应性（即学会合作、人际协调、相互尊重、自尊等方面），在合作交流中发展学生的主体性。也就是使学生在合作学习中学会倾听（尊重与信任）、交流（理解与沟通）、协作（互助与竞争）、分享（体验与反思）。在合作学习中，教师与学生、学生与学生之间就形成了一个学习的共同体。美国著名的教育家帕尔默提出，教学就是要开创一个实践真理的共同体空间，在这个共同体中，我们与志同道合的朋友一起追求真理。

十四、生活延伸法

生活世界是科学世界的营地，生活是探究的源泉，现实的生活为学生不断地探究提供取之不尽、用之不竭的养料。德国著名的教育家福禄倍尔在批判当时学校脱离学生生活时曾说："通过生活和从生活中学习，要比任何方式的学习更深入和更容易理解……在生活中和行动中接受和理解事物，比之单纯地通过言语和概念吸收和感受事物，对于人的发展、形成和加强远为有力。"美国教育家华特指出："语文的外延与生活的外延相等"。生活是知识的海洋，生活之中时时处处皆学问。因此，我们应当具备一双慧眼，寻找生活中与语文教学的结合点，让生活成为学生学习的教材。

《学会生存》一书中指出："小学教育的共同趋势是必须把理论、技巧和实践结合起来，把脑力劳动和体力劳动结合起来，学校不能和生活脱节，儿童的人格不能分裂成为两个互不接触的世界——在一个世界里，儿童像一个脱离现实的傀儡一样，从事学习；而在另一个世界里，他通过某种违背教育的活动来获得自我满足。"在语文教学中要将生活与语文亲密无间地融会贯通在一起，唯有这样，我们才能塑造完整的丰富的和谐的人。

例如，《碧螺春》一文中作者用细腻的笔调描绘了一幅令人陶醉的品茶情景：夕阳西下，明月初升，朋友相聚，品茶谈心。如果仅限于玩味语言文字，可能学生感受不大，不妨送给学生一些碧螺春，布置学生回家后在课文描绘的情景中邀友品茶，并写下自己的感受。这样，不需教师多费口舌，学生对这段文字的感悟定会像品茶那样，愈品愈香，愈品愈回味无穷。

又如在教学《给予树》一课，课后可要求学生说一说自己是怎样理解"'给'永远比'拿'愉快"的。在引导学生联系课文理解后，有的老师留下一项作业：平日里，你们从父母那儿得到了那么多的爱，希望你们也学会"给予"，为父母做一件有意义的事，并写下来。学生有的写信，有的做贺卡，有的做家务事，有的为父母过生日等，真心地做了，所以写出来的日记也格外感人。学习了《北京的春节》，就让学生在春节期间收集春联，写春联，贴春联，体会人们用春联表达的心愿。

学生由学校走向社会，走向生活的拓展过程可以通过多种形式实现，首先是教师悉心安排的有利于学生自主的活动，如学了《台湾的蝴蝶谷》、《鸟岛》等课文后，可以让学生做小导游，回去向家长、朋友介绍那儿的美景；又如让学生课外做一些社会调查、宣传等实践活动等。其次是教师组织的集体活动，如参观访问，与兄弟学校开展手拉手活动等。

平纳提出，要获得个体的自由和解放，学校课程绝对不能局限于系统化的书本知识，而要关照个体作为具体的活生生的存在的生活经验。

郭元祥教授认为，教育过程就是引导儿童的生活不断合理重建的过程，实施一种生活的教育。那种向儿童灌输知识，告诉过去模式化的经验，把儿童的现实生活与可能生活隔断，把儿童禁锢在被称为经典的"书本世界"之中而割断他们的个体生活和社会生活的活动，哪里配称得上有魔力和有生命感的"教育"？陶行知先生在《生活教育的创立与成长》中谈到，中国的教育太重书本，和生活没有联系。教育不通过生活是没有用的，需要生活的教育，用生活来教育，为生活而教育。

美国著名的教育家杜威说过："学校中求知识的目的，不在于知识本身，而在于使学生获得求知识的方法。"知识是无限的，而人生是有限的。如果没有学习的方法，我们只能劳而无功。而反观我们课堂教学的现状，大多数学生对于学习方法不甚了了，甚至教师们也对学法指导含糊不清。对于小学生而言，找到合适的学习方法，是要在教师的适当点拨之下，养成方法的意识，并尝试方法多样化的学习的过程。所以，我们要用我们的聪明才智来引导学生学会学习。我们要谨记苏霍姆林斯基的话：毫不夸张地说，小学的主要任务就是教会儿童使用一个人终生都靠它来掌握知识的那种工具！